Mentes motivadas

Guías para padres

Últimos títulos publicados

Deborah Stipek y Kathy Seal

Mentes motivadas

Cómo educar a tus hijos para que
disfruten aprendiendo

PAIDÓS

Barcelona
Buenos Aires
México

Título original: *Motivated Minds*
Publicado en inglés, en 2001, por Henry Holt and Company, LLC, Nueva York

Traducción de Roc Filella Escolà

Cubierta de Julio Vivas

© 2001 by Deborah Stipek & Kathy Seal
© 2004 de la traducción, Roc Filella Escolà
© 2004 de todas las ediciones en castellano,
  Ediciones Paidós Ibérica, S.A.,
  Mariano Cubí, 92 - 08021 Barcelona
  http://www.paidos.com

ISBN: 84-493-1357-0
Depósito legal: B. 11.123/2004

Impreso en Hurope, S.L.
Lima, 3 - 08030 Barcelona

Impreso en España - Printed in Spain

Kathy: *Para Zach, Jeff y Jim, por su comprensión, apoyo y aprobación.*

Deborah: *Para mis padres, siempre alentadores y nunca exigentes, y para mi hija, viva prueba de que a los niños les puede encantar aprender.*

Sumario

Nota de las autoras

Con el fin de simplificar nuestras respectivas historias e incluir las experiencias de las dos, nos hemos unido en una persona, el «yo» narrativo de nuestra obra. También hemos juntado a nuestros hijos —la hija de Deborah, Meredith, y los hijos de Kathy, Zach y Jeff— en una única familia literaria.

En este libro hay muchas referencias a la University Elementary School (UES) Corinne Seeds. La UES es la escuela experimental de la Universidad de California Los Ángeles (UCLA), donde se desarrollan, evalúan y difunden prácticas educativas innovadoras. La escuela pretende ofrecer un programa educativo que fomente en los niños el gusto por aprender. Deborah fue directora de la UES desde 1991 hasta 2000, y tanto sus hijos como los de Kathy asistieron a esa escuela.

Agradecimientos

Kathy

Escribir este libro ha sido un trabajo enormemente agradable, debido muy en especial al apoyo de mi familia y de mis amigos y a su entusiasmo por el tema.

En primer lugar y antes que nada quisiera dar las gracias a los tres psicólogos que tan generosos fueron con su tiempo y de quienes siempre recibí su apoyo desinteresado, sin cansarse jamás de explicar su trabajo y de mandarme copias de sus artículos, y con quienes compartí muchas anécdotas personales: Carol Dweck, Richard Ryan y Marty Covington, gracias por vuestras investigaciones y por vuestra ayuda. Jim Stigler, Wendy Grolnick, Sandra Graham y Sharon Nelson-LeGall aportaron también entrevistas que resultaron clave. Estoy asimismo agradecida a Angela Ebron y Sylvia Barsotti, Richard Atcheson y Nelson Algren Jr., que supieron comprender el valor de estas ideas y encargaron y revisaron amablemente mis artículos publicados en *Lear's* y *Family Circle*.

También recibí gran ayuda de toda una serie de pedagogos. Gracias a Sandy Stipianski, miembro del grupo de actividades lúdicas NAEYC, a Joe Sperling, por la ayuda prestada en el capítulo sobre el juego, y a Jeff Howard, por el trabajo del Efficacy Institute y su formulación de «hacerse listo» de la obra de Carol Dweck. Quisiera mostrar mi agradecimiento en especial a Betty Factor, Lucía Díaz, June Payne, a la doctora Saundra Sperling, a Rena Ellis y a muchas otras personas del Centro Familiar Mar Vista, que todos los días ponen en práctica las teorías de este libro y nos han enseñado cómo apli-

13

car en cada caso el concepto de autonomía a la educación de los hijos. Del mismo modo no puedo dejar de apreciar también la ayuda de Phil Platzman y Steve Eisenberg, al explicar el carácter lúdico de Richard Feynman.

No podría haber sido la coautora de este libro sin el interés y la ayuda de otros compañeros escritores: Linda Marsa, que dijo: «¿Por qué no escribes un libro?»; Barbara y Danny Sabbeth, que me ofrecieron una casa en Nueva York y, lo que es más importante, su cariño y su ánimo; y mi grupo de redactores y buenos amigos que hicieron conmigo el viaje de la propuesta del libro y la ruta de su elaboración, proporcionándome su sabio apoyo e interesantes anécdotas de su propia vida cuando se los pedí: Julia Maher, Dorothy Chin, Barbara Beebe, Elizabeth Stanley, Gayle Pollard, Henry Unger, Armin y Mary Fields y Leonia Kurgin. La medalla al mérito es para Julia, Dorothy y Barbara, el equipo de mecanógrafas mejor formado, que sin la menor reticencia se fueron turnando en mi ordenador durante un terrible fin de semana en que se acababan todos los plazos, cuando estaba convencida (y me equivocaba) de que padecía la grave enfermedad del estrés repetitivo.

Algunos amigos y familiares también sacaron tiempo de sus ajetreadas vidas para leer y comentar de la forma más útil todo el manuscrito, desde sus puntos de vista profesional y de padres: Ann Shenkin, Susie Kaplan, Richard Cohen y Margaret Lee. Les agradezco sumamente sus amables sugerencias. Beth Howard también me allanó el camino desinteresadamente.

La contribución de nuestra agente Heide Lange ha sido de un valor incalculable. Gracias también a nuestro corrector, David Sobel, por sus críticas agudas y constructivas, y a Heide y David, padres ambos, por comprender este proyecto y creer en él. Al equipo de Holt (Maggie Richards, Elizabeth Shreve, David Shue y Sarah Hutson), gracias por vuestra competencia y vuestro gran trabajo.

También quienes «llevo detrás» desempeñaron un papel esencial: mi padre y compañero en la autoría del libro, Henry Shenkin; Reva Kaplan; y mis hermanos Budd, Bob y Emily (mi abogada), que contribuyeron cada uno a su manera. Doy las gracias también a mis útiles y queridos sujetos de laboratorio, Zach y Jeff, y a mi marido, Jim, por su apoyo y cariño sin límites.

Deborah

Gracias también a Frances Forman, Janete Chun y Rachel Longaker, por su ayuda indispensable.

Introducción

¿Alguna vez le ha dicho algo así a su hijo?: «Ya sé que estás a medio construir el castillo con tu juego de construcción, pero tendrás que dejarlo ahora y acabarlo cuando regresemos de la tienda».

O: «*Por favor*, ¿quieres dejar Internet para que los demás podamos utilizar el teléfono? No me importa si no has terminado de leer todo lo que hay sobre osos polares en la Red».

Si comentarios como éstos le resultan familiares, significa que ha visto a su hijo completamente absorto en un trabajo que requiere capacidad mental. Significa que ha visto usted muy de cerca la automotivación y que su hijo muestra signos de que le gusta aprender.

Sin embargo, quizá lo que ocurra en su casa se parezca más a esto:

MAMÁ: Jason, por favor, ponte a hacer los deberes.

(*Pasa media hora.*)

PAPÁ: Jason, ¿has empezado ya? Me parece que no haces más que pensar en las musarañas.

(*Quince minutos después.*)

MAMÁ (*elevando el tono de voz*): Jason, deja ya de juguetear. Es casi hora de acostarse y apenas has empezado los deberes. Si el sábado quieres ir al partido de baloncesto, será mejor que empieces a estudiar, ¡quiero decir *ahora* mismo!

(*Jason, enfadado, cierra la puerta de su habitación de un portazo y pone un disco de* Rage Against the Machine *a todo volumen. Mamá se hunde en el sofá desmoralizada. Papá se pone a ver el partido.*)

MAMÁ (*llorando*): ¿Hasta cuándo va a durar esto? No aguanto tener que pelearnos todas las noches.

PAPÁ: Yo tampoco. Empiezo a sentir pavor de tener que volver a casa.

17

Todos los niños nacen con el deseo de aprender. En efecto, la mayoría de ellos llega al parvulario con la emoción de aprender a leer y escribir, ansiosos por descubrir el mundo que les rodea.

Pero cuando llegan a secundaria (y a menudo antes), muchos de nuestros hijos son como Jason. Consideran que aprender es una carga monótona y no la apasionante oportunidad que les estimulaba cuando eran pequeños. La idea de que aprender puede ser divertido desaparece, como lo demuestra el caso de un chico que me dio las gracias por haberle regalado *Tom Sawyer* y a continuación me dijo: «Lo leeré más adelante. Este semestre ya he hecho el trabajo sobre un libro».

De modo que si usted, lector, ha observado en su hijo una falta de motivación, piense que no es el único: las investigaciones demuestran que el amor de los niños estadounidenses por el aprendizaje disminuye de forma constante desde tercero a noveno curso.[1]

No tiene por qué ser así.

Durante los últimos treinta años, los psicólogos han realizado cientos de estudios que muestran qué es lo que hace que los niños *quieran* aprender. Sus investigaciones nos enseñan cómo formar a un hijo que tenga interés por los estudios y al que el hecho de aprender le llegue a producir placer y alegría. Nos muestran cómo educar niños que busquen desafíos intelectuales y que se abran camino cuando se haga duro el andar.

Voy a mostrar al lector cómo educar a ese aprendiz entusiasta y permanente, pero antes debemos superar algunas ideas que las investigaciones han demostrado que son equivocadas.

En las últimas décadas se ha estado diciendo a los padres que la mejor forma de estimular a los niños para que aprendan es hincharles su autoestima llenándoles de premios y elogios. Se ha pensado que las calificaciones y los premios son la forma más eficaz de motivarles para que estudien.

Sin embargo, los psicólogos han demostrado que educar en el entusiasmo por aprender no es una simple cuestión de hacer que los niños «se sientan bien». Así es, los estudios que voy a compartir con el lector revelan el daño que esta estrategia puede provocar.

---

1. Harter (1981); Harter, Whitesell y Kowalski (1992).

Lo que hemos descubierto, por el contrario, es que debemos educar a los hijos para que se sientan competentes, autónomos y seguros en su relación con los demás. Los niños estarán automotivados para aprender cuando se sientan capaces y preparados, seguros de serlo cada vez más; cuando de algún modo puedan decidir y controlar su aprendizaje; y cuando vean que sus padres les quieren, les apoyan y les respetan. Los niños que disfrutan aprendiendo también creen que la inteligencia no es algo fijo e innato, sino que si trabajan con ahínco pueden llegar a ser más listos.

Enseñaré al lector cómo alimentar en su hijo estos cuatro componentes esenciales del amor por el aprendizaje. Además analizaremos por qué los niños aprenden tan bien mediante el juego, y cómo estimular la tendencia natural de su hijo hacia la competencia.

Este libro se centra en los niños desde su más tierna infancia hasta la edad de educación primaria, pero los principios y recomendaciones generales que en él se incluyen se aplican a los de cualquier edad, e incluso a las personas mayores. Todos pueden seguir el modelo de la automotivación que el lector encontrará en los próximos capítulos: el ciclo de trabajar duro, perseverar para superar los obstáculos y fortalecerse para ir más allá gracias al sentimiento de placer que proporciona la confianza recién adquirida.

Es posible que la idea de que a su hijo le encante aprender le parezca un sueño imposible. Quizá, igual que los padres de Jason, usted se sentiría satisfecho sencillamente con que su hijo se responsabilizara de los deberes. Así que, mientras luchamos juntos por alcanzar el ideal —un auténtico amor por aprender— también le voy a enseñar cómo educar a un hijo para que estudie por su cuenta, sin necesidad de controlarle, observarle continuamente, amenazarle ni castigarle.

Usted también aprenderá a solucionar muchos de los problemas habituales que tienen los niños con sus estudios. Le mostraré cómo preparar a su pequeño para que las cosas le vayan bien en la escuela, para construir su autoconfianza y para fortalecer su perseverancia ante trabajos que le supongan un desafío, y cómo aligerar su angustia por los resultados para que se pueda concentrar en el aprendizaje. Juntos arrasaremos los obstáculos que se opongan al éxito escolar de su hijo y a que disfrute aprendiendo.

Aprender mejor y disfrutarlo más

¿Por qué preocuparse? ¿Qué más da que su hijo *disfrute* aprendiendo, siempre que haga los deberes?

Importa *mucho*. Los investigadores han demostrado sin ninguna reserva que cuando los niños estudian porque lo disfrutan, realizan un aprendizaje más intenso, rico y duradero. Son, además, más perseverantes, más creativos y tienen mayores ansias de realizar trabajos que les supongan un reto. En ello hay, también, una recompensa emocional: los niños que *quieren* aprender se sienten menos angustiados y no son tan rencorosos como aquellos a quienes se obliga con sobornos o amenazas, y además consiguen los mismos o mejores resultados.

«¡Pero lo que yo quiero es que mi hijo saque buenas notas en los exámenes y vaya a una buena universidad!»

Probablemente también le preocupe asegurar el éxito de su hijo en el mundo real de los boletines de notas, los exámenes estandarizados y la competencia en los procesos de admisión. La parte positiva puede parecer paradójica: los estudios han demostrado que la estrategia indirecta de ayudar a su hijo a disfrutar del aprendizaje y comprender su valor es la mejor forma de mejorar sus notas y subir las puntuaciones conseguidas en los exámenes.

Esta estrategia indirecta también le ayudará a evitar que su hijo tenga que pagar el precio emocional de la presión por los resultados, un precio que hoy aumenta de forma constante a medida que los exámenes ocupan un primer plano en la tendencia política de mejorar nuestras escuelas públicas. Le ayudaré a hacer frente a estas exigencias de los exámenes, sin dejar de proteger a su hijo de la ansiedad que hace que se muerda las uñas y de la «mala gana» que es consecuencia segura cuando superar los exámenes se antepone al aprendizaje.

Padres suficientemente buenos

En este libro encontrará muchas sugerencias prácticas. Pero no espero que las siga hasta la perfección, por diversas razones.

Un libro bienintencionado que leí en cierta ocasión ilustra la primera de estas razones. No recuerdo el problema de que se ocupaba el libro, pero sí que dejé de leerlo enfadada cuando me sugirió que le hablara así a mi hijo: «Me pregunto si el hecho de que hayas perdido el cuaderno de los deberes es tu forma de decirnos lo que piensas de que te limitemos el tiempo para ver la televisión».

Mi libro no es de esta clase. Soy una madre que trabaja, tal vez como usted. Muchas noches estoy demasiado cansada o preocupada para ser la cariñosa y paciente Madre Perfecta. Tampoco dispongo de todo el día para leerle a mi hijo *La isla del tesoro,* escribir una obra en tres actos basada en la novela y luego confeccionar los trajes para poder representarla juntos. Me parece bien no ser perfecta, como que no lo sea usted. Para alimentar el deseo de aprender de nuestros hijos no es necesario tener el título de terapeuta, ni ser multimillonario y tener veinte criados, ni doctor en filosofía o medicina, ni tener un máster en Administración de Empresas. Como solía decir el eminente psiquiatra británico D. W. Winnicott, los niños no necesitan unos padres perfectos. Basta con ser una «madre suficientemente buena» (o padre) que está «ahí», atenta a su hijo y que hace lo que puede. Nadie puede hacer más.

Además, es posible que le hiciera sugerencias que usted sabe a ciencia cierta que no iban a funcionar con su hijo, debido tal vez al carácter de éste. O quizá mi estrategia sencillamente no le satisfaga. Esto no quiere decir que esté usted en un error, ni que las investigaciones estén equivocadas. Sólo significa que debe adaptar mis sugerencias a su propia familia. Ésta es la razón de que la paternidad sea más un arte que una ciencia. Mis consejos ofrecen unas orientaciones sólidas, pero será usted quien tenga que probarlos para ver qué es lo que parece ser bueno y funcionar mejor para usted y para su hijo.

Tampoco deje que las muchas estrategias que le propongo le abrumen. Si sabe asimilar el contenido de este libro y hacer suyo el espíritu que lo anima, si sabe seguir algunos de sus consejos y, sobre todo, si consigue que su hijo sepa que usted otorga un gran valor al aprendizaje, será suficiente. Ofrecerá a su familia un sano entorno de aprendizaje, y su hijo tendrá una magnífica oportunidad de desarrollar el gusto por aprender.

Criar hijos que *quieran* aprender no es un sueño utópico ni un lujo inasequible. Es algo que todos los padres pueden lograr. Es también una de las claves para mejorar la educación en Estados Unidos, algo que se ha perdido por el pánico que nos produce tener que conseguir mejores puntuaciones en las pruebas de rendimiento. Imaginemos qué pasaría si la mayoría de nuestros hijos quisiera aprender, así, sin más. Supongamos que los niños en edad escolar disfrutaran al incrementar sus habilidades y sus conocimientos, del mismo modo que disfrutaban al reconocer nuevas letras, al aprender a contar hasta diez, al montar en bicicleta o nadar. Serían imparables, y sería mucho más fácil conseguir el objetivo nacional de mejorar la educación.

Así pues, por el bien de su hijo y del país, siga leyendo.

1

Fomentar en nuestro hijo
el amor por aprender

Corría el año 1947 y Richard Feynman se sentía quemado. Al físico de 29 años el trabajo le parecía terriblemente monótono, y pensaba que nunca haría ningún descubrimiento científico importante. Así que decidió seguir en la docencia, un trabajo en el que disfrutaba. Y la física teórica, se dijo, sencillamente se la tomaría como un juego.

«Voy a jugar con la física —pensó— siempre que quiera y sin que la importancia me preocupe en absoluto».[1]

Pocos días después de tomar tal decisión, Feynman se encontraba comiendo en la cafetería de la Universidad de Cornell, cuando un estudiante le arrojó un plato. (Aún no se había comercializado este juego.) Mientras el plato iba volando por el aire, Feynman observó que la velocidad de giro del medallón de la universidad impreso en el borde del plato blanco era mayor que la de la oscilación de éste. Calculó el movimiento de rotación del plato y descubrió que, cuando el ángulo era pequeño, la velocidad de rotación del medallón era dos veces mayor que la de la oscilación del plato. «Oye, Feynman, esto es interesante —le dijo su colega Hans Bethe—, pero ¿qué importancia tiene?»[2]

Feynman no tenía ni idea. Había comprendido la ecuación como otro hubiera comprendido un crucigrama o el juego del cubo de Rubik. Sin embargo, dieciocho años después Feynman ganaría el premio Nobel por la electrodinámica cuántica que, entre otras cosas, explica la peculiar «oscilación» de los electrones al girar en órbita en torno al núcleo de un átomo. Este trabajo de «comprender las ecuaciones de las

1. Feynman (1985), pág. 173.
2. Feynman (1985), pág. 174.

oscilaciones», como decía él, había empezado como un juego aquel día en la cafetería de la Universidad de Cornell.

Feynman era muy excéntrico, y no sólo porque su rincón de estudio preferido cuando más tarde se fue a dar clases al Caltech de Pasadena fuera el bar de *topless* local. Era un personaje nada corriente porque solía emprender actividades intelectuales sin pensar en otro objetivo que no fuera su propio placer. El premio Nobel de Física tenía un elevado grado de motivación interior, el deseo de aprender algo «porque *quieres*», y no «porque *debes*».

De lo que tal vez no nos percatemos es de que *todos* los niños nacen con una buena medida de esta motivación interior para aprender, una semilla que puede germinar hasta convertirse en todo un amor por aprender en la escuela y en la vida.

Programados para aprender

¿Recuerda usted lo ocupado que estaba su bebé cuando no estaba durmiendo o comiendo? Mirar, coger, tirar los juguetes por encima de la barandilla de la cuna: los bebés son unas máquinas en movimiento continuo, programadas para explorar y experimentar de forma incansable para descubrir su mundo desde el momento que llegan a él.

El «yo sé» del niño de 2 años, o la serie interminable de preguntas de «¿por qué? y «¿qué es?» («¿qué ez?», en el caso de mi hija) a los 3 años, o los repetidos intentos del de 4 por dibujar un dragón, revelan también este deseo innato de aprender. Aunque la insistencia del de 5 años en atarse de forma metódica los zapatos cuando se nos hace tarde nos puede parecer egoísta y nos dé mucha rabia, al niño no le mueve otra razón que su poderosa fuerza innata por dominar esta nueva habilidad. Cuando el hijo de 8 o 9 años nos vuelve locos con el ruido del Tetris porque avanza con decisión «¡otro nivel, mamá!», probablemente le mueva un impulso interior por ganarle la partida al ordenador.

Muchos niños llegan al parvulario con ese mismo ímpetu, apasionados por aprender a leer y escribir, entusiastas y con ansias de descubrir el mundo que les rodea. A medida que van haciéndose mayores, este deseo innato de aprender puede seguir como un río embravecido, una suave corriente o un diminuto hilito de agua. A veces sencillamente se pierde en el fango. Pero no es inevitable que nos sentemos a observar cómo se desvanece el entusiasmo por aprender de nuestro hijo. *Podemos* tener un hijo que ansíe hacer un trabajo de historia o realizar un experimento de química con la misma emoción anticipada que siente ante la última película de Disney o el partido de su campeonato de liga.

¿POR QUÉ ES MEJOR LA AUTOMOTIVACIÓN?

La calidad del aprendizaje es mayor cuando los niños lo disfrutan. Richard Ryan, psicólogo de la Universidad de Rochester, y sus colegas demostraron esta ventaja de la automotivación en un estudio realizado con 92 estudiantes universitarios. Les pidieron que leyeran o bien un texto sobre una nueva técnica para analizar la sangre u otro sobre cómo la obra de Rudyard Kipling derivaba de sus propias experiencias. Luego evaluaron el interés que los estudiantes habían sentido por el texto y el placer que les había proporcionado. Al cabo de pocos minutos, Ryan pedía a los estudiantes que escribieran en una hoja de papel en blanco todo lo que recordaran de su lectura. (No les había dicho que les iba a examinar.) Ryan descubrió que cuanto mayor era el interés y el placer por la lectura del texto, más conceptos de él recordaban los estudiantes y mejor lo comprendían.[3] Un estudio de seguimiento demostró que el interés de los estudiantes por el texto les ayudaba también a recordarlo a largo plazo.[4] Estos estudios demostraron que los estudiantes automotivados aprenden más, comprenden mejor y recuerdan más que los otros.

Otra psicóloga estudió varios cientos de alumnos, de entre 9 y 13 años, de una escuela privada y dos públicas. Adele Eskeles Gottfried, psicóloga de la Universidad Pública de California, de Northridge,

3. Ryan, Connell y Plant (1990).
4. Ryan y Stiller (1991).

25

descubrió que cuanto más les gustaban los estudios en general a los niños, mejores puntuaciones y notas sacaban en los exámenes de lectura, sociales y ciencias.[5] También averiguó que cuanto más disfrutaban con el trabajo académico, menos angustia les provocaba.

Otros estudios han demostrado que a los estudiantes que obtienen mejores resultados les gusta aprender más que a los otros estudiantes,[6] y que los automotivados tienen mayores probabilidades de emprender trabajos académicos que sean difíciles.[7] Desarrollan también tareas complejas que exigen razonar, inferir y comprender con mayor competencia que otros alumnos.[8]

Marty Covington, psicólogo de la Universidad de California Berkeley, que estudió la motivación académica de 2.500 alumnos de introducción a la psicología, describía así a sus alumnos automotivados: «Se sienten listos y preparados para aprender y quieren saber más y mejor de lo que se les exige. [...] Más que adquirirlos pasivamente, descubren los conocimientos de forma activa».

«Más que preocuparse, se preguntan y llegan a decir que aprender les produce unos intensos sentimientos de ánimo», añade Covington. Algunos estudiantes que demostraban poseer una motivación interior le decían que aprender incluso les ayudaba a tomar mejores decisiones en la vida y aumentaba su sentido de la solidaridad, su paciencia y su propia valentía.[9]

«FLUIR»: EL MÁS INTENSO AMOR POR APRENDER

El aprendizaje puede ser tan intenso y placentero que lleve al estudiante a un estado que el psicólogo de la Universidad de Chicago, Mihaly Csikszentmihalyi, llama «fluir». Fluir es un sentimiento de apasionada

---

5. Gottfried (1985).
6. Sweet, Guthrie y Ng (1998).
7. Danner y Lonky (1981).
8. Fabes, Moran y McCullers (1981); Utman (1997).
9. Martin V. Covington, entrevista de la autora, 29 de junio de 1999.

concentración, un agradable momento en que trabajo y juego se funden, cuando uno se centra profundamente en superar desafíos complejos. «No noto los dedos, ni la partitura, ni las teclas, ni la habitación —decía un pianista que describía a Csikszentmihalyi su estado de fluir—. Sólo existen mis emociones, que me llegan a través de los dedos.»[10]

La mayoría de las personas recuerda «un momento, por breve que fuera, en que se sintieron arrastrados por un sentimiento de control, de claridad y de concentración en algún problema agradable, sin que les supusiera ningún esfuerzo», explica Csikszentmihalyi. Uno se puede abandonar a ese fluir durante una conversación sobre temas profundos, durante una partida de ajedrez o mientras lee una novela fascinante. Los investigadores han observado también este fluir en los navegantes de la Red que pierden la noción del tiempo mientras viajan por el ciberespacio.[11] Un estudiante en estado de fluir está tan absorto en su trabajo que no tiene conciencia de lo que ocurre a su alrededor ni de que tenga hambre o esté cansado.

El fluir no suele ser frecuente en la mayoría de las personas, pero es tan intenso y agradable que una dosis encierra muchísima energía. Debemos estar atentos a los estados de fluir de nuestro hijo, porque son el signo inequívoco de un placer intelectual que podemos estimular.

Lo más frecuente es que observemos una forma más suave de la automotivación de nuestro hijo. Quizá se enfrasque en sus deberes de matemáticas y sienta una fuerte sensación de autosatisfacción cuando los termina. Tal vez tenga unas ganas locas de ir a la escuela porque tiene clase de dibujo, con lápices de colores; o está ansioso por escribir en su diario; o entusiasmado con el nuevo libro de lectura. Es posible que nuestro hijo sea de aquellos a los que sencillamente les gusta «aprender cosas nuevas», o quizá de los que devoran cualquier libro que hable de caballos.

Observamos tal variedad en nuestros hijos porque el deseo de aprender no es uniforme ni inmutable. Puede ser apasionado o débil, sistemático o desigual, alegre o sencillamente satisfactorio. Pero todas las formas de automotivación tienen dos cualidades en común: como la

10. Csikszentmihalyi (1993), pág. 181.
11. Novak, Hoffman y Yung (2000).

energía solar, se autorrenuevan y están en el interior de nuestro hijo, impulsándole a aprender.

Como padres, podemos desempeñar un papel importante a la hora de fomentar este deseo interior de aprender, a veces incluso una entrega intensa hacia el aprendizaje. Pasemos ahora a considerar algunas estrategias básicas para sacar el máximo provecho del amor de nuestro hijo por el aprendizaje o para revitalizarlo, si es que ha olvidado el gran placer que éste puede proporcionar.

Alimentar el deseo de aprender de nuestro hijo

¿Recuerda usted la determinación de su bebé para aprender a coger una botella, abrir un armario o andar? Se mostraba así de resuelto porque los niños más pequeños están programados para desarrollar los conocimientos y las habilidades que necesitan para desenvolverse con eficacia en el mundo.

Asimismo, el entusiasmo de los niños florece cuando se percatan de que los estudios explican el mundo y les proporcionan los medios para enfrentarse a él con éxito. Sin embargo, hoy lamentablemente el aprendizaje escolar parece irrelevante a la mayoría de los niños. Si no me cree, haga la siguiente prueba. Hágale a su hijo en edad escolar estas tres preguntas sobre cualquier tarea que deba realizar:

- ¿Por qué crees que el profesor quiere que hagas esto?
- ¿Qué aprenderás de este trabajo?
- ¿Se te ocurre alguna forma de aprovechar estos conocimientos o esta destreza fuera de la escuela?

Lo más probable es que su hijo se le quede mirando con expresión de perplejidad. La razón está en que muchas escuelas siguen su propia lógica interna: los alumnos trabajan, realizan exámenes y se premia o castiga su rendimiento. Casi nadie explica cómo (o si) el currículo les ayudará a vivir de forma productiva, solidaria y, además, a tener éxito. La mayoría de los chavales ni siquiera saben decir qué es lo que están aprendiendo, y no digamos la utilidad que ese aprendizaje pueda tener fuera del aula. Cuando se les pregunta por qué hacen una determinada tarea, por lo general responden: «Porque nos lo ha mandado el profesor».

Los estudios demuestran que sin darse cuenta los profesores fomentan esta desconexión entre el aprendizaje y la vida. Jere Brophy, psicólogo de la Universidad Pública de Michigan, y sus colegas observaron cómo presentaban sus clases los profesores de enseñanza primaria, y descubrieron que éstos explicaban los objetivos únicamente en un 1,5 % de las tareas.[12] En 317 presentaciones de un trabajo nuevo, ninguno de los profesores observados dijo que esa tarea ayudaría a los niños a desarrollar unas habilidades útiles o agradables. Más bien todo lo contrario: en el 8 % de las presentaciones, los profesores decían explícitamente que no esperaban que a sus alumnos les gustara el trabajo o que lo hicieran bien. Sólo en el 3 % de las clases el profesor se mostró entusiasta o relacionó el trabajo con la vida o los intereses de sus alumnos. De hecho, algunos profesores hacían comentarios desmoralizadores del tipo: «Este examen es para ver quiénes son los realmente listos», o favorecían la actitud antiintelectual con observaciones como ésta: «No levantéis la vista del libro; si no, os pondré ejercicios escritos».

Evidentemente, no descarto la posibilidad de que parte del currículo de su hijo pueda ser irrelevante. Cuando yo estudiaba secundaria en la década de 1960, no se nos permitía hacer nada relacionado con la administración de la casa mientras no supiéramos hacer unos bollos de harina perfectos. Como consecuencia de ello, mi clase pasó todo un semestre haciendo bollos, una habilidad que en aquella época me parecía irrelevante. Pese a aquel curso, hoy me encanta cocinar, aunque sigo sin comprender la singular importancia de saber hacer un bollo de harina perfecto.

Sin embargo, a los niños les encanta descubrir que el concepto aprendido en la escuela explica alguna experiencia cotidiana. Recuerdo que mi

12. Brophy (1983); Brophy, Rohrkemper, Rashid y Goldberger (1983).

hija, Meredith, me explicaba entusiasmada el pH del champú y por qué a veces nos da la corriente cuando encendemos la luz en un día seco.

ALENTAR EL APRENDIZAJE ESCOLAR RELACIONÁNDOLO CON EL MUNDO REAL

Si ayuda a su hijo a relacionar lo que aprende en los libros con el mundo real, puede alimentar en él el deseo de aprender. Cuanto mejor ven los niños esa relación, más sentido tendrá para ellos el trabajo escolar, más interés tendrán por aprender y más placer les producirá.

Antes de que pueda ayudar a su hijo a ver la importancia que el trabajo escolar tiene para la vida, debe usted saber, evidentemente, qué es lo que su hijo está estudiando. Algunos niños, sobre todo los más pequeños, dirán qué estudian. Pero si le pregunta a su hijo qué está aprendiendo en la escuela y no le responde, pídale que le enseñe los deberes de matemáticas o que le diga por dónde van en el libro de sociales. No tenga reparos en preguntarle qué se va a dar en un mes determinado, o que le explique en general qué va a estudiar durante el curso. No es necesario que conozca usted hasta el mínimo detalle, sólo lo bastante para poder ayudar a su hijo a encontrar el sentido del currículo.

Cuando ya sepa qué está estudiando, le puede ayudar a relacionarlo con las experiencias cotidianas. Algunas formas de hacerlo son las siguientes:

Relacionar lo que aprenda en ciencias con la naturaleza

- Si su hijo de segundo curso está estudiando el clima, pregúntele si debe usted coger el paraguas cuando salga algún día nublado, y por qué las nubes oscuras son signo de precipitaciones. Dígale que observe la temperatura que marque el termómetro del exterior durante la tarde, y que prevea si va a nevar por la noche.
- Si su hija está estudiando la Tierra y el sistema solar, observen juntos una puesta de sol. Pregúntele la dirección que sigue éste. Si está usted de viaje y llama desde otra zona horaria, pregúntele por qué es

más temprano donde usted esté. O por qué ya ha oscurecido donde vive la abuela y en casa es aún de día.

Relacionar los estudios sociales o la historia con acontecimientos actuales

- Si su hijo estudia el movimiento hacia el Oeste de los americanos llegados de Europa, háblele del derecho a sus tierras que reclama alguna tribu de americanos nativos.
- Cuando su hija estudie el gobierno municipal, enséñele algún artículo de prensa sobre los recortes presupuestarios, que se traducen en una reducción del horario de la biblioteca local o en la supresión de la ruta del autobús que la llevaba a la clase de piano.

Relacionar la literatura con las experiencias y los problemas de la vida

- La versión cinematográfica de *Romeo y Julieta* de William Shakespeare, que en 1996 protagonizaron Claire Danes y Leonardo di Caprio, despertó el interés de los adolescentes por Shakespeare, porque presentaba la tragedia como un conflicto entre pandillas juveniles. Puede usted establecer relaciones parecidas entre los libros que su hijo estudie y sus propias experiencias o alguna noticia.
- Si no tiene tiempo de leer la obra, alquile la película y véala con su hijo cuando él haya leído el libro.
- O sencillamente pídale que le cuente la historia que esté leyendo en la escuela, e inicie una conversación sobre su relevancia para sus respectivas experiencias, para la historia o para los acontecimientos actuales: «¿Te recuerda esto cuando ibas al parvulario y pensabas que Jason ya no iba a ser tu amigo?». «Así me sentí yo cuando murió tu abuelo.»

Observar las aplicaciones de las matemáticas a la vida cotidiana

- Si a su hija le cuesta entusiasmarse con la lección sobre unidades de medida, llévela al despacho de arquitectura de su tía y dígale a ésta que le cuente a su sobrina lo importante que es medir el mundo.

31

- A sus hijos de quinto o sexto muéstreles cómo se emplean las proporciones para contabilizar la media de golpes en béisbol, cómo tiene usted que añadir y dividir fracciones para doblar o reducir a la mitad las cantidades de una receta, o cómo emplea las matemáticas que está aprendiendo en la escuela para calcular el incremento del valor de los bonos que compró para financiarle la universidad.
- Si se va de vacaciones a Canadá o México, haga que su hijo participe en el cálculo de la moneda extranjera.

Establecer relaciones que sean significativas para su hijo

Procure relacionar el trabajo escolar de su hijo con sus experiencias inmediatas o no muy lejanas. «Tienes que aprender a sumar y restar para poder controlar tu cuenta corriente» no le dirá gran cosa a un chico de segundo curso. Y al de 11 años no le apasionará conocer el sistema circulatorio humano porque «quizás algún día quiera ser médico».

Evite también expresiones de ánimo muy generales, del tipo: «Cuando seas mayor tendrás que saber estas cosas» o «Ya sé que ahora no comprendes por qué tienes que aprender esto, pero sé que luego te alegrarás de haberlo hecho». Lo más probable es que estas afirmaciones bienintencionadas pero abstractas produzcan gruñidos de desagrado y no despierten ningún interés.

AMPLIAR EL APRENDIZAJE ESCOLAR

Otra forma de dar vida al aprendizaje que se realiza en la escuela es ampliar la experiencia de nuestro hijo, llevándole a sitios como museos, acuarios, granjas y lugares históricos. (También valen las visitas a sitios de la Red.)

A continuación le ofrezco algunos ejemplos de cómo dar al currículo que su hijo sigue en la escuela el color y la plenitud de la realidad:

- Si su hija estudia algún grupo local de americanos nativos, llévela a algún museo o a una misión.

- Si estudia el gobierno del Estado y no vive lejos de la capital, llévela a algún debate del Senado, o ayúdela a buscar en la Red algunas leyes sobre temas que le interesen.
- Si su hijo estudia la vida marina, llévele a la playa a explorar los charcos que dejan las mareas, o a un acuario.

La historiadora Doris Kearns Goodwin piensa que su interés por Franklin y Eleanor Roosevelt, cuyas biografías escribió en 1994, se remonta a cuando, estando en tercer curso, tuvo que preparar un informe oral sobre Roosevelt, y sus padres la llevaron a visitar Hyde Park.[13]

Si no se le ocurre ninguna actividad que pueda ser enriquecedora para su hijo, pídale consejo a su profesor o a algún bibliotecario.

La experiencia de todos los días mejora también el aprendizaje escolar. Es posible que usted no se dé cuenta, pero esas excursiones al parque, a los rascacielos de la ciudad o a casa de la abuela, y la tortuga o la pecera que tiene su hijo en su habitación le ayudan a establecer relaciones con lo que lee y aprende.

Amplíe los temas que su hijo esté estudiando en la escuela e incorpórelos a su vida familiar.

- Si su hija está estudiando los movimientos hacia el Oeste, cómprele el juego de «Oregon Trail» para que juegue con él en su ordenador.
- Cuando su hijo esté con una lección de ciencias sobre el desierto, ayúdele a buscar en libros de divulgación e ilustrados de la biblioteca información sobre los animales del desierto. Léale uno de esos libros antes de irse a dormir.
- Si su hija estudia la poesía, escriban juntos un poema, lean poesías de algún libro o escriban su canción favorita y hablen de sus características poéticas.
- Sugiérale a su hijo que pregunte por los hechos históricos que esté estudiando en la escuela a los abuelos o a algún vecino que pueda recordarlos.

13. Goodwin (1998).

No descarte la posibilidad de que su hijo tenga interés por alguna asignatura o de que incluso le apasione. A veces es algo evidente, por ejemplo cuando no deja de hablar sobre el mural de estilo egipcio que está dibujando para sociales. Otras veces, el profesor le dirá qué asignatura es la que más entusiasmo despierta en él.

Pero lo más frecuente es que tenga usted que indagar un poco. En primer lugar, pregúntele a su hijo cuál es la asignatura que le gusta, o qué cosas aprende que le resulten interesantes. Si le contesta «Nada» (como hacen muchos niños), ha llegado el momento de ponerse a investigar como Sherlock Holmes (o Nancy Drew):

- ¿De qué asignaturas habla en casa? ¿De qué temas pregunta?
- ¿Qué deberes son los que siempre hace primero? ¿Cuáles son los que le enseña?
- ¿Qué libros escoge en la biblioteca?

Primero intente ampliar la asignatura por la que su hijo ya sienta interés. Puestos ya en marcha, estaremos seguros de conseguir una respuesta positiva.

Aunque es bueno procurar que lo que el niño estudie en la escuela le resulte relevante, no siempre hay que empezar con los temas que trate en el colegio. Para ayudarle a mantener el entusiasmo por aprender también podemos desarrollar sus propios intereses intelectuales y confiar en que algún buen profesor se dé cuenta de esa chispa y luego avive la llama.

FOMENTE LOS INTERESES Y LAS AFICIONES EXTRAESCOLARES DE SU HIJO

El columnista Thomas Friedman, que estuvo muchos años de corresponsal del *New York Times* en Jerusalén, descubrió que le apasionaban la política y los pueblos del Oriente Próximo cuando, a los 15 años, sus padres le llevaron a Israel durante las vacaciones de Navidad. «No sé si fue sencillamente el impacto de la novedad o una fascinación que aguardaba a que la descubriera, pero algo de Israel y del Oriente Próximo me atrapó el corazón y la mente», escribe en *From Beirut to Jeru-salem*.[14] «Estaba completamente poseído por el lugar, sus gentes y sus conflictos. Desde aquel momento, en realidad no me ha interesado otra cosa.» (Como sabrán los lectores de su columna, los intereses de Fried-man se han ampliado desde entonces.)

También Nel Noddings, antigua catedrática de educación de Stan-ford, atribuye la pasión de su hija por la geología a las visitas al Museo de Historia Natural que organizaban ella y su marido para sus hijos. «No conseguíamos apartarla de las gemas, las piedras y la tierra», re-cuerda Noddings. Hoy la hija es ingeniera petrolera.

Todos los niños tienen intereses y aficiones. Son tan evidentes co-mo el Monte Rainier o acechan bajo tierra, esperando a ser desenterra-dos. Tal vez su hijo sienta una pasión arrolladora por los ordenadores, o quizá no tenga más que cierto interés por el reciclaje. Cualquiera que sea el punto de partida, fomentar que su hijo desarrolle aficiones inte-lectuales es tan importante como hacer relevante el currículo escolar. Cuanto más estimule sus aficiones, más probable es que desarrolle sus propios intereses intelectuales —por los bichos, la escritura, la quími-ca o la música— y más le apasionarán otros estudios afines.

Alimentar los intereses extraescolares de su hijo tiene una impor-tancia particular porque, paradójicamente, las circunstancias del hogar muchas veces permiten favorecer las aficiones mejor que el entorno escolar. La razón está en que en casa su hijo es libre de hacer lo que le dé la gana. En la escuela, lo habitual es que los niños tengan pocas op-ciones; normalmente se les dice qué han de aprender y cómo y cuándo han de hacerlo. Además, en la escuela se les evalúa y juzga a menudo, algo que no es necesario hacer en casa. (En el capítulo 9 explicaré el efecto desmoralizador de la evaluación mediante calificaciones y exá-menes.) Algunos profesores poseen la magnífica cualidad de despertar el interés del alumno por su asignatura, pero lamentablemente son una minoría.

14. Friedman (1989).

Nel Noddings, que tuvo diez hijos, llevó a sus últimas consecuencias el principio del hogar como lugar donde alimentar los intereses. Solía permitir que sus hijos, en vez de ir a la escuela, se quedaran en casa a terminar algún dibujo, limpiar el acuario o preparar una comida china —siempre que su ausencia no causara ninguna molestia a algún compañero de laboratorio ni obligara al profesor a preparar un examen de recuperación—. «Temía que si iban demasiado a la escuela perdieran por completo sus intereses —recuerda Noddings—. Ésta era una de las razones de que no les obligara. Muchas veces la escuela puede resultar aburrida.»[15]

Enriquezca la paleta de las experiencias de su hijo

La mejor forma de estimular las aficiones es mediante la experiencia directa. El niño ha de trabajar o jugar con el ordenador para desarrollar interés por la informática, y ha de escuchar música para darse cuenta de que quiere tocar un determinado instrumento, como le ocurrió a la violoncelista Jacqueline Du Pre a los 4 años después de escuchar un concierto por la radio:

> Un día Jackie estaba en la cocina de casa con mamá, que planchaba. La radio estaba puesta y en el programa *La hora de los niños* se hablaba de los instrumentos de la orquesta. Mamá movía la plancha al ritmo de la música y Jackie se balanceaba al ritmo de los tiempos que marcaba mamá. Intervenían la flauta, el oboe y el clarinete, seguidos después por los violines. Cuando el sonido del violoncelo se adueñó de la habitación, Jackie se quedó completamente inmóvil y atenta. Escuchó paralizada hasta el final, se incorporó de un salto, se agarró a la pierna de mamá y dijo: «Mami, yo quiero hacer *ese* sonido».[16]

Una amplia diversidad de experiencias (que, como veremos en el capítulo 2, también favorece la comprensión lectora) ofrecerá a su hijo toda una variedad de opciones, y así le ayudará a encontrar aficiones

---

15. Nel Noddings, entrevista de la autora, 7 julio de 1999.
16. Du Pre y Du Pre (1997), pág. 29.

que le apasionen. Una visita a la costa, al desierto o a un yacimiento de fósiles puede encender la chispa, o las visitas a exposiciones de los museos, la asistencia a conciertos o al teatro. Hay mucho que aprender en cualquier comunidad. Incluso llevarse al hijo en autobús al trabajo o al mercado aumenta el conocimiento que tiene del mundo y alimenta su curiosidad. La experiencia directa suele ser mejor, pero los libros, las películas e Internet también ampliarán los horizontes de su hijo y le llevarán a lugares que de otro modo no podría visitar: al interior de Australia, a la Francia medieval o a la Luna.

Para aumentar la probabilidad de que una experiencia nueva avive la llama intelectual de su hijo, puede usted «adornarla» o ampliarla. Por ejemplo:

- Antes de ir de acampada consiga un mapa estelar y trate de encontrar alguna constelación en el cielo.
- Sugiera a su hijo que escoja un animal para estudiarlo antes o después de una visita al acuario o al zoo. Consiga libros para colorear, cuentos o utilice Internet para investigar a ese animal.
- Hagan rutas señaladas por naturalistas o guardas forestales.
- Averigüen algunos hechos interesantes de la vida del compositor o el artista antes de ir a un concierto o un museo.
- Antes de ir a comer a un restaurante tailandés, busquen Tailandia en el mapa e información sobre este país en una enciclopedia.
- Visiten los barrios étnicos de las grandes ciudades. Coman en ellos, observen los productos de las tiendas y comenten las similitudes y diferencias con aquellos a los que estamos acostumbrados, y las razones.
- Si son estadounidenses y van a México, Canadá o a cualquier otro país extranjero, o si viven en una ciudad con poblaciones étnicas considerables, observen palabras sencillas de los otros idiomas, como *arrêt* o *panadería* en las señales de *stop*.
- Asistan a celebraciones en que se organicen fiestas que estén relacionadas (o no) con la propia cultura de su hijo. Antes o después, infórmense sobre los orígenes y el significado que tienen esas celebraciones.
- Ni siquiera hace falta abandonar la comodidad del hogar. Pueden ver y comentar programas culturales de la televisión, o bien después de

ver por televisión un partido de béisbol, leer juntos las páginas de deportes y comentar cómo está escrito un artículo o qué dice de los Giants o de los Phillies.

Avive el fuego

Cuando su hijo sienta gran afición por algo (suponiendo que sea algo sano y legal), avive el fuego. Conozco a una madre que observó que a su hijo de 5 años le gustaba coleccionar piedras. Le llevó al Museo de Historia Natural, le ayudó a buscar libros de geología en la biblioteca, visitó con él el Instituto Gemológico Americano que había cerca de su casa e incluso organizó unas vacaciones familiares en Colorado, donde abundan las rocas.

- Si a su hija le gustan los animales, hágase socio del zoo, suscríbase a alguna revista de ciencias naturales, enséñele artículos sobre animales del periódico y ayúdele a buscar en la biblioteca libros y vídeos sobre zoología.
- Si muestra interés por el peinado, la ropa y el maquillaje, llévela a algún museo que disponga de una sección de moda, como el Smithsoniano y ayúdele a estudiar los componentes químicos del maquillaje. Deje sobre la mesa algún libro sobre moda medieval. Para estimular su creatividad en el diseño, dele un cuaderno de bocetos o haga que asista a clases de arte.
- Si a su hijo le gustan los ordenadores, llévele a la feria de informática que se organice en su ciudad, suscríbale a una revista especializada y ayúdele a buscar un club o un grupo que recoja y recomponga ordenadores.
- Si a su hija le encanta el fútbol, enséñele los artículos sobre el equipo femenino nacional de la sección de deportes. Para ampliar su interés, le puede hablar de la campaña para impedir el trabajo infantil en la fabricación de balones, o señalar las palabras de otros idiomas que se oyen en un partido internacional.

No se sorprenda si los intereses de su hijo cambian a medida que se hace mayor. Richard Cohen, antiguo profesor de la UES, dice que lo que a su hijo le apasionaba cuando estaba en primaria eran los pájaros, las piedras y la cocina. Hoy es ya un adolescente y le gustan el béisbol, los libros fantásticos, como los de Tolkien, y la informática. «No espere usted que su hijo desarrolle una vocación a los 3 años», nos advierte Cohen.[17]

Por otro lado, las primeras aficiones pueden evolucionar, como ocurrió con mi hijo Zach. De niño fue un ferviente coleccionista y comerciante de cromos de deportes y siempre ha sentido interés por los negocios. Pero hoy, estudiante universitario, colecciona y trata con acciones de la Bolsa, en vez de con cromos de béisbol.

DEJE QUE SU HIJO SEA «PARCIAL»

Puede parecer paradójico, pero una forma importante de alimentar las aficiones de su hijo es dejarle que no sienta interés por todo. En Estados Unidos admiramos al chico que es el «mejor en todo», pero a la larga al que es un tanto «parcial» normalmente le gusta más aprender.

«No es razonable suponer que todo el mundo sienta por las matemáticas un interés natural, como no lo es pensar que lo sienta por el arte, el teatro o la arquitectura», dice Nel Noddings, que fue profesora de matemáticas de bachillerato antes de pasar a la Universidad de Stanford. «Cuando pensamos en todas las asignaturas que se enseñan a los chavales, ¿les decimos que todas les van a interesar? ¿Por qué tendría que ser así? Muchas veces agobiamos a los niños, esperamos que hagan todo lo que puedan en todo. No, lo que debemos decirles es que hagan bien lo que tengan que hacer, y que hagan estupendamente aquello que realmente les interese.»[18]

Al reconocer las pasiones de nuestro hijo podemos estimularle para que se esfuerce más en las asignaturas que menos le gustan, añade Noddings, porque los niños responden a las personas mayores que comprenden y aprueban sus intereses. Si a su hijo le gusta el teatro o el

17. Richard Cohen, entrevista de la autora, 15 de junio de 1999.
18. Nel Noddings, entrevista de la autora, 29 de junio de 1999.

deporte, decirle que a usted le parece bien puede motivarle, paradójicamente, para estudiar más matemáticas o ciencias, las asignaturas que menos le agradan, porque siente que decide hacerlo libremente. (En los capítulos 5 y 6 explicaré más detenidamente la influencia positiva de la «libertad de elección».)

SEA USTED MODELO DE ENTUSIASMO POR EL APRENDIZAJE

Mi amiga Debbie recuerda con orgullo que de niña se levantaba de un salto de la silla mientras cenaba para ir a buscar el diccionario o el volumen correspondiente de la enciclopedia donde podía encontrar las respuestas a las cuestiones que se planteaban en la charla familiar. Sus padres le habían enseñado la alegría de aprender con su propio ejemplo. Si es usted este tipo de modelo de entusiasmo, contribuirá a crear una cultura de aprendizaje en su familia. Si no sabe la respuesta de algo que le pregunte su hijo, ayúdele a encontrarla. Busquen en Internet, vayan a la biblioteca o pregunten a algún amigo. Además de ser modelo de curiosidad y gusto por aprender, enseñará a su hijo unas valiosas estrategias para encontrar información.

Ya sé que dispone usted de poco tiempo; a mí me ocurre lo mismo. Pero siempre que pueda, cultive sus propios intereses intelectuales y sus aficiones. Si le gusta el jazz, la fotografía, leer, los tranvías antiguos, los objetos relacionados con la guerra de Secesión o la política internacional, hable de estas aficiones con su hijo. Lleve a su hija a un concierto, a un mitin político o al trabajo. Comparta con su hijo lo que aprende en clase de jardinería o informática y lo mucho que se divierte en ellas.

Hable en casa de sus aficiones mientras friega los platos con su hijo o mientras conduce o hace cola en el banco. Dígale qué es lo que le interesa de las películas, las obras de teatro o los programas de televisión que vean juntos. Comparta con él lo que haya aprendido en el canal de Historia de la televisión, en una revista o en el periódico. «Aquí dice que la pérdida del Mars Polar Lander ha llevado a la NASA a cambiar sus planes de exploración de Marte», por ejemplo. O: «¿Sabías que el gobierno pretende que los fabricantes de armas las hagan más seguras? ¿Lo entiendes?».

Cuando vaya al museo, a alguna exposición de ciencias o al zoo, no pasee por ellos de forma pasiva. Demuestre (o despierte) curiosidad y lea los folletos y carteles que expliquen lo que se exponga. Si a su hijo no le interesa, no se lo lea todo; en vez de eso, elija los hechos o las explicaciones que piense que le puedan intrigar, teniendo en cuenta su edad:

- «Aquí dice que en el mundo sólo existen once caimanes blancos».
- «¿Sabías que los impresionistas preferían pintar al aire libre, con luz natural? Por eso seguramente utilizaban esos colores tan vivos.»

Demuéstrele a su hijo que *usted* disfruta de aprender de las cosas que ve. Si no le gusta, la próxima vez infórmese antes sobre el tema para conseguir interesarse por él. O vaya sólo a sitios que sepa que le van a gustar.

Evite dar ejemplo de ideas negativas sobre el aprendizaje. Cuando hable de los estudios, elimine cualquier comentario negativo que se le pueda ocurrir, por ejemplo: «¿Y quién ha dicho que estudiar ha de ser divertido?» o «Las matemáticas son aburridas. Lo que tienes que hacer es sacártelas, sin pretender hacer más de lo que debes», o «Ya sé que odias la historia, cariño. Y te comprendo. Al fin y al cabo no te vas a acordar de nada».

Demuestre de verdad que comprende cómo se siente su hijo. Pero luego intente ayudarle a buscar la parte positiva. «¿No me dijiste que tenías que escoger la ciudad que quisieras para tu trabajo de sociales? Quizá podrías elegir alguna que te gustara visitar.» «Ya sé que no te gusta hacer muchos resúmenes de libros, pero piensa en las grandes obras que estás leyendo.»

Atención: se trata de una mezcla de todo

Cuando ponga todo su empeño en estimular el entusiasmo de su hijo por aprender, recuerde que el amor por el aprendizaje raramente existe en estado puro. Los incentivos externos al trabajo académico, como las calificaciones o los elogios de los padres, casi siempre van mezclados con la automotivación.

¿O acaso la motivación que usted siente no es casi siempre una mezcla de muchas cosas? Por ejemplo, tal vez le guste el tenis o el béisbol, pero en estas aficiones también encuentra una buena forma de hacer contactos de negocios. O piense en algún profesor universitario que tenga muchísimo interés por la historia de la antigua Grecia o por la física molecular. Como señala el psicólogo Marty Covington, también le anima el elogio de sus colegas por sus aportaciones al campo de la erudición; por no hablar del incremento salarial en función del número de libros y artículos que publique.[19]

Además, en cualquier trabajo lo habitual es que las «ganas de aprender» aparezcan y desaparezcan. Mientras escribía este libro, por ejemplo, había momentos en que iba trabajando con gusto, como con el motor ronroneando suavemente, y las palabras fluían sin más a través de mis dedos hasta el teclado, como le ocurría al pianista de Csikszentmihalyi, sin tener conciencia del paso del tiempo ni de nada que pudiera ocurrir en casa. Pero con la misma frecuencia tenía que concertar acuerdos conmigo misma: «Si sigues trabajando hasta las 4.30, luego te podrás tomar una galleta de chocolate». A los niños les ocurre lo mismo; es posible que estén muy motivados, pero para seguir adelante también necesitan algunos premios, unas calificaciones o cualquier otro empujoncito. Sin embargo, la necesidad de estos alicientes se puede reducir al mínimo. Veamos ahora cómo podemos conseguir el máximo grado de amor por el aprendizaje en nuestro hijo, aprovechando para ello su tendencia natural a aprender mediante el juego.

19. Covington (1992).

2

Aprender jugando

Cuando mi hijo Jeff tenía 4 años, entré en su clase de preescolar en la UES y le encontré jugando a correos con su mejor amigo.[1] Su maestra les había dado papel, lápices, sobres, dinero de mentira y sellos. Había colocado un cartel en la pared, en el que había unas bolsas con el nombre de todos los alumnos, a las que los dos niños podían «enviar» las correspondientes cartas.

Jeff y Gabe aún no sabían leer ni escribir, pero aprendían que, para comunicarse, las personas ponen unos signos en un papel. Sus signos se parecían más a la escritura cuneiforme de los sumerios que a nuestro idioma, pero el juego fortalecía la coordinación entre la mano y la vista, que los chicos iban a necesitar para escribir. Más adelante, en aquel mismo curso, una vez que hubieron aprendido las primeras letras de sus nombres, la maestra les sugirió que señalaran con una *J* y una *G* la parte de los sobres destinada al remitente.

La maestra de Jeff y Gabe les había dado la posibilidad de escoger entre varias actividades diferentes, de modo que no se sentían presionados para jugar a correos. Tampoco se les ponía ninguna nota a lo que hacían. Jugaban porque querían, porque les gustaba. Al mismo tiempo, el juego de correos les desarrollaba el lenguaje, el razonamiento y las habilidades sociales. Parecía un juego simple, casi nimio, pero aprovechaba el sentido lúdico de los niños para poner en marcha sus destrezas de lectura y escritura.

---

1. La UES (Escuela Primaria Universitaria) es la escuela experimental de la Universidad de California Los Ángeles, de la que Deborah Stipek es directora desde 1991 y a la que asisten los hijos de las dos autoras.

El juego es la primera incursión de su hijo al gusto por aprender. Por eso muchos pedagogos dicen que el juego es, en realidad, el trabajo de los niños.

¿Cómo sabemos que los niños aprenden con el juego? ¿Por qué esa maestra de la UES no se limitaba a sentar a aquellos niños de 4 años con el libro de ejercicios y el lápiz, y les decía que copiaran letras y números hasta que lo dominaran? No lo hacía porque los psicólogos han descubierto que los niños aprenden mejor a través del juego.

Se empieza en la infancia

El psicólogo suizo Jean Piaget investigó esta relación entre juego y aprendizaje observando para ello escrupulosamente a su hijo Laurent. Cuando éste tenía 10 meses, por ejemplo, Piaget observó que tiraba migas de pan al suelo y se fijaba con atención para ver dónde caían. Es un comportamiento que nos puede resultar familiar. Recuerde cuando su hijo no paraba de tirar fuera de la cuna el biberón o el osito de peluche, y usted los recogía una y otra vez, diciéndole: «No, no, las cosas no se tiran». Lo que podía parecer una tozudez, en realidad era el concienzudo estudio de su hijo de las leyes de la gravedad. «¿Las cosas siempre se caen?», se preguntaba (aunque no exactamente con estas palabras). «¿O a veces flotan? ¿O los biberones se caen y los ositos flotan?» Con el juego, su bebé estaba descubriendo la naturaleza.

Piaget observó otro tipo de juego un año después. Cuando su hijo tenía un año y medio vio un gato en el muro del jardín y empezó a arrastrar una concha dentro de una caja mientras decía: «¡Miau, miau!».[2] Piaget explicaba que este juego de simular que la concha era un gato demostraba que Laurent comprendía que una cosa podía representar a otra.

En realidad, entre los 18 meses y los 2 años parece que todos los niños se sienten empujados a practicar su incipiente habilidad para razonar simbólicamente. Por eso simulan que beben de una taza vacía, mon-

2. Piaget (1976), pág. 17.

tan en una escoba como si se tratara de un caballo o señalan el autobús que aparece en la pantalla del ordenador y no cesan de preguntar: «¿Qué es?». Esta comprensión simbólica que están desarrollando es sumamente importante, porque es un requisito previo para aprender a leer, escribir y calcular.

EL APRENDIZAJE MEDIANTE EL JUEGO PROSIGUE EN LOS AÑOS DE PREESCOLAR

Al terminar la infancia, los niños siguen buscando nuevos conocimientos de forma activa y lúdica. Fíjese en cómo su hijo de 2 o 3 años juega con rompecabezas, dibuja o investiga la reacción del gato cuando le tira de la cola. Puede parecer una exploración aleatoria e incluso perversa, pero de hecho está descubriendo la perspectiva, las formas y los colores, la causa y el efecto, a la vez que asimila miles de otros hechos y conceptos que necesita para desenvolverse con eficacia en el mundo.

Para los niños de preescolar, este tipo de aprendizaje práctico es más productivo que el trabajo de papel y lápiz, y les mantiene viva su motivación interior para el aprendizaje. Decía el psicólogo Jerome Bruner: «He estudiado cientos de horas de comportamientos lúdicos. En todo este tiempo, nunca he visto que ningún niño dejara de fijar la vista, se despistara o desconectara de un modo u otro mientras estaba enfrascado en el juego. Me gustaría poder decir lo mismo de los niños que he observado en las aulas e incluso en clases particulares».[3]

Así que la próxima vez que su pequeño tire un juguete por la ventanilla del coche o vierta la leche sobre la mesa para ver en qué sentido avanza, quizá no se enfade usted tanto. Ahora ya sabe que con estas exploraciones lúdicas los niños adquieren una comprensión intuitiva que más adelante necesitarán para entender conceptos científicos formales en la escuela. Quizás el hecho de echar esos taquitos de poliestireno al inodoro para ver si flotan, por ejemplo, tendrá su recompensa

3. Bruner (1985).

cuando el profesor explique la densidad relativa a su hijo en quinto o sexto curso.

La investigación y manipulación espontáneas del mundo por parte de los niños son tan universales que Piaget y otros psicólogos posteriores piensan que los niños están programados para aprender: tienen una tendencia natural a practicar las habilidades, añadiendo con cada repetición un nivel más de competencia y comprensión. Después de perfeccionar una habilidad, se exigen a sí mismos y pasan a otro juego un poco distinto o más complicado.

Esta tendencia natural a comprender las cosas y a desarrollar las habilidades explica incluso por qué el niño de preescolar ve una y otra vez el mismo vídeo de dibujos animados, para después, de repente, dejar de sentir interés por él. Los niños pequeños tienen que escuchar muchas veces para entender completamente alguna historia sencilla o una sucesión de caracteres. Pero cuando los dominan pierden el interés, porque ya no les suponen ningún desafío ni siguen aprendiendo por el hecho de fijarse en ellos.

EL VALOR DEL JUEGO NO ACABA A LOS 5 AÑOS

Aprender por medio del juego no es exclusivo de los niños de preescolar. Sigue en los años escolares y, desde luego, a lo largo de toda la vida. Cuando los niños de 7 años se entretienen con juegos de mesa, están configurando sus habilidades sociales, aprenden a negociar y a tener espíritu deportivo. Y según de qué juego se trate, también pueden agudizar sus habilidades de razonamiento. Los niños de 10 años desarrollan la capacidad de planificación y organización cuando preparan un pastel o construyen la maqueta de un avión. El ajedrez y el bridge favorecen el pensamiento hipotético de los adolescentes y su capacidad para considerar a la vez diversas variables.

También los adultos aprenden con el juego. Cuando dispongo de tiempo leo novelas francesas para entretenerme, pero además perfecciono mi vocabulario de francés. Mi padre, que tiene ya más de 80 años, asiste a clases de español y derecho en la escuela universitaria local.

A este tipo de aprendizaje se le llama «juego» porque se realiza más por diversión que por algún objetivo o premio concretos. Pero las personas mayores también aprenden con estas actividades. De hecho, algunos psicólogos piensan que los adultos que juegan a menudo son más productivos. Los más creativos, dice el psicólogo Erik Erikson, son los que en su vida diaria separan menos el trabajo del juego.[4]

Fomentar en casa que nuestro hijo de preescolar aprenda jugando

La mayoría de los padres participa instintivamente en el juego lúdico de sus pequeños. Cuando su bebé le coge el dedo y juega al tira y afloja, usted le ayuda a desarrollar las habilidades motrices sin ni siquiera darse cuenta. Cuando juega a esconderse y asomarse para hacer reír a su bebé, le está enseñando la permanencia de los objetos: mamá y papá existen incluso cuando no se les ve.

Pero también se pueden realizar actividades conscientes para relacionar el aprendizaje con la diversión, aprovechando las ganas que su hijo tiene de aprender mediante el juego. Las siguientes son algunas formas de favorecer el aprendizaje lúdico.

DISPONER DE TIEMPO Y ESPACIO

En primer lugar, y sobre todo, procure que su hijo disponga de mucho tiempo para jugar con libertad. Y asegúrese de que tiene un lugar donde hacerlo: una habitación, el jardín o el rincón de la sala de estar, donde pueda jugar seguro.

MATERIALES

En segundo lugar, dele a su hijo objetos con los que pueda jugar. Pero no se gaste dinero con muchos «juguetes educativos». Los niños

4. Bruner (1985).

sacan más provecho de la manipulación y la exploración que de la observación pasiva, de manera que los juguetes sencillos que exigen imaginación son mejores que esos coches de pilas que van lanzando destellos o las muñecas que andan, que limitan las posibilidades de lo que su hijo puede hacer. Los juguetes complicados que obligan a una determinada actividad son divertidos en un primer momento, pero normalmente los niños pierden el interés por ellos enseguida, porque no les dejan experimentar, explorar ni crear.

«Cuanto más pueda hacer el niño con un juguete, más probable es que éste sea verdaderamente educativo», dice la pedagoga Janet Brown McCracken.[5] Los juguetes flexibles, como los juegos de construcción, los Lego y los juguetes Brio, permiten que el niño ejercite su imaginación y se sienta satisfecho y orgulloso de sus creaciones.

Con los Lego, por ejemplo, su hijo podrá construir casi cualquier cosa que se le ocurra —como hacen los informáticos, que los utilizan para crear los prototipos de robots—. «Cualquier pieza se puede unir a cualquier otra», explicaba un investigador de la Universidad Brandeis cuando le preguntaron por qué le gusta utilizar juguetes modulares.[6]

Con los juegos de construcción los niños descubren las formas, los colores, la geometría y la gravedad, y además pueden planificar y compartir. Gracias a su flexibilidad, los juegos de construcción se pueden adaptar a los niveles de destreza cada vez superiores de los niños. Los de 2 años pueden examinar las piezas de diferente forma y color, golpear una contra otra o arrastrarlas por el suelo. Los de 3 y 4 años pueden construir torres o contarnos una historia de dragones que viven en las casas que construyen con esas piezas. Los de 5 y 6 pueden construir una casa con chimenea y dos perros en la puerta.

También puede dar a su hijo objetos cotidianos —cajas vacías, rollos de papel higiénico o de cocina— para estimular su experimentación y creatividad. Asimismo, a los niños les gusta cortar y pegar tela, cintas y revistas; se divierten igualmente con materiales baratos de trabajos manuales, como rotuladores, tizas, pintura y cuentas.

5. McCracken (2000).
6. Dye (1999).

Asegúrese de proporcionarle juguetes «figurativos», como coches, muñecos, animales de peluche, platos y muebles en miniatura, para estimular el juego de simulación. Los coches y camiones de juguete ayudarán a su hijo a desarrollar la idea de distancia y espacio. Los juguetes pequeños, como animales de granja, conchas y canicas, le darán la oportunidad de emparejarlos, agruparlos o compararlos, y de desarrollar las habilidades lingüísticas al inventar historias. Los instrumentos musicales —la armónica, el triángulo, la flauta de plástico y el tambor (si usted lo puede soportar)— le permitirán explorar sonidos y cadencias.

La arena, el barro y el agua son también buenos materiales para jugar, porque proporcionan al niño experiencias de primera mano de texturas y sustancias distintas. Cuando su hijo esté en la bañera o en el cajón de arena, dele una taza con la que pueda medir, objetos que floten o se hundan y cubos, palas o moldes, que le permitan investigar «jugando» con estos líquidos y sólidos. Con todo ello mejorará usted el aprendizaje que realiza su hijo.

DEJE QUE SU HIJO MANDE

La mayoría de los niños juega con juguetes sencillos, sin nadie que les ayude. En efecto, lo realmente extraordinario es que si pueden elegir, por lo general optan por las actividades «adecuadas», las que les ayudan a desarrollar precisamente las habilidades físicas e intelectuales que necesitan en ese momento de su vida. Por eso Jeff y Gabe se decidieron por el juego de la oficina de correos, en vez de otra actividad que no les habría enseñado nada nuevo o que les habría resultado demasiado difícil.

Aunque los niños pequeños saben elegir muy bien sus actividades, les podemos ayudar a ampliar sus juegos, como hizo la maestra de Jeff y Gabe al ir añadiendo nuevos trucos al juego de correos a medida que avanzaba el curso.

Pero tenga cuidado de no ser usted quien decida. Los estudios demuestran que cuando los padres intentan controlar el juego de sus hijos, intervenir para solucionar problemas o ser ellos quienes concluyan algún trabajo, sus hijos suelen adoptar una actitud pasiva y acaban por aprender menos. Por ejemplo, el psicólogo alemán P. Lütkenhaus observó a unas madres mientras jugaban con sus hijos de 3 años. Los niños cuyas madres se entrometían y les llevaban la mano en una dirección determinada, o les cogían algún juguete para que jugaran con él, disfrutaban menos de la actividad y tendían más a dejar de jugar que aquellos cuyas mamás eran menos entrometidas y se limitaban a prestarles la ayuda que pedían.[7]

Algunas formas de orientar y ayudar un poco a su hijo mientras juega, sin llegar a controlarle, son las siguientes:

- Sírvale de ejemplo: enséñele a llenar y vaciar una taza mientras esté en la bañera.
- Dele cosas: dele a su hija una escoba con la que simule galopar, o una bufanda que le sirva de riendas; dele una zanahoria a su hijo, que dice ser un conejito.
- Ayude: dele a su hijo de preescolar las piezas del rompecabezas una a una.
- Represente el papel: llame desde el control de la misión para invitar a su hija astronauta a que despegue.[8]

Usted también puede participar activamente en el juego de simulación de su hijo, como hizo este padre cierto día después del trabajo:

PAPÁ: ¿Qué hacen tus muñecas?
JANINE: Están tomando el té.
PAPÁ: ¿Y qué clase de té toman?
JANINE: Dulce.
PAPÁ: ¿Puedo probarlo?
JANINE: Vale.
PAPÁ: ¡Mmm! Es un té delicioso. ¿Cómo es que está tan dulce?
JANINE: El azúcar. ¿Quieres más?
PAPÁ: Sí, por favor. ¿Estamos en casa o en un restaurante?

7. Lütkenhaus (1984).
8. McCracken (2000).

JANINE: Es un hotel.

PAPÁ: ¡Ah, sí; claro! ¿Dónde está el hotel?

JANINE: En Pennsylvania.

PAPÁ: Si es un hotel, ¿tengo que pagar el té?

JANINE: Sí, son diez dólares.

PAPÁ: Diez dólares es un poco excesivo. Aquí tienes una moneda de cinco centavos y otra de uno. Ya sabes que juntas valen seis. Ahora creo que me voy a la habitación 102 a echar una siesta.

Observe que el padre de Janine juega con el ambiente que la niña ha creado, adornándolo sólo un poco. Sin cambiar el tema del juego, consigue introducir el concepto de «pago por bienes y servicios», que se estudia en sociales, e incluso un poco de matemáticas.

Igual que el padre de Janine, deje que sea su hijo quien mande. No le diga que construya una torre, pero si decide hacerlo, desafíele a que construya una «bien alta». Si su hijo es el guardián de un zoológico, pregúntele qué animal ha de ser usted. Cuando su hijo de preescolar se quede sin saber qué hacer mientras compone un rompecabezas, dígale que la pieza que está buscando es larga y estrecha, o que lleva color rojo, pero no se la dé. Si juega a estar en clase, pregúntele: «¿Quieres que saque el libro del jardín de infancia de tu hermano?» y no: «Voy a darte una clase de matemáticas».

Dele siempre a su hijo únicamente la ayuda que necesite para que sea él quien termine lo que esté haciendo. No sugiera cambios ni le corrija si no se lo pide. De lo contrario convertirá usted en un trabajo lo que debe ser un juego, y hará que su hijo pierda las ganas de aprender jugando.

Aprender las habilidades académicas básicas mediante el juego

La mayoría de los juegos que los niños empiezan por iniciativa propia les ayudan a desarrollar las habilidades motrices y el razonamiento que forman la base del posterior aprendizaje académico. Pero también podemos echar una mano a ese desarrollo.

La mejor forma de iniciar a su hijo en las habilidades académicas básicas es a través de las tareas y las actividades lúdicas cotidianas. Distribuir algunos juegos a lo largo de la jornada de su hijo favorecerá también la idea de que aprender es divertido.

Niños de preescolar

A la mayoría de los niños pequeños le aburren las actividades de repetición y las hojas de ejercicios. Las realizan si se les obliga, o si es la única forma de conseguir el halago de los mayores, pero generalmente no les gustan. Los juegos, en cambio, les pueden enseñar las habilidades básicas al mismo tiempo que estimulan el entusiasmo por aprender.

Éstos son algunos ejemplos de juegos para enseñar las habilidades básicas a niños de entre 3 y 7 años:

- El juego de la oca: cuando su hijo de 4 o 5 años tira el dado y cuenta el mismo número de casillas en el tablero, aprende a contar, la correspondencia de uno a uno y otros conceptos numéricos básicos.
- Hay muchos juegos de cartas que enseñan a contar y la idea de correspondencia y no correspondencia, o de igualdad y diferencia.
- Si juegan con fichas, pregúntele a su hijo cuántas tiene, cuántas tiene usted y luego quién de los dos tiene más.
- Enséñele la canción del abecedario.

Los niños en edad escolar

Puede usted seguir estimulando el aprendizaje de las habilidades básicas con el juego a lo largo de toda la educación primaria. Muchos juegos de ordenador son divertidos y educativos. (Pero no se fíe de la propaganda que habla de juegos «educativos».) Éstos son algunos ejemplos de juegos y actividades que ayudan a aprender vocabulario, a escribir y destrezas matemáticas:

- Lea una obra de teatro junto con su hijo: usted puede leer el papel de los personajes masculinos y su hijo, el de los femeninos (o al revés).
- Para desarrollar las destrezas de resolución de problemas, en los viajes largos jueguen a las Veinte Preguntas. (Uno piensa en una persona o una cosa, y el otro puede hacer veinte preguntas de sí o no para averiguar de quién o qué se trata.)
- Elija una «palabra del día» y úsela en frases tontas (pero que tengan sentido).
- Mientras construyen juntos una caja o una casita para el perro, háblele de ángulos y medidas.

SEA EXIGENTE Y NO TENGA MIEDO A DECIR QUE NO

No se aprende con todos los juegos. A los niños les gustan muchas actividades que no fortalecen ninguna habilidad. Por ejemplo, ver la televisión puede ser divertido, y aunque algunos programas pueden ilustrar la mente; muchos otros no hacen más que entumecer el cerebro y favorecer que los niños se conviertan en teleadictos a los que sólo les interesan los juguetes y los cereales. Algunos juegos de ordenador ayudan a los niños a desarrollar los conceptos tecnológicos básicos, además de las destrezas espaciales y de otro tipo,[9] pero otros son tan repetitivos que no hacen otra cosa más que hipnotizar. Hay niños que se quedan tan absortos con los videojuegos que apenas tienen tiempo para otra cosa. No dude en decir «no» a esos juegos ni en permitírselos a su hijo sólo durante un tiempo determinado a la semana. Mi cuñada Susie les ha prohibido todos los juegos de ordenador a sus dos hijos durante los días laborables, y sólo les deja que jueguen con ellos unas pocas horas durante el fin de semana. Me parece un buen criterio.

Jugar puede ser incluso perjudicial. Los juegos pueden favorecer el antagonismo y el conflicto, en vez de la amistad y la cooperación. Por ejemplo, los estudios señalan que pasar horas interminables con juegos de ordenador de contenido violento insensibiliza a los niños ante el miedo o

9. Greenfield, Camaioni, Ercolani, Weiss, Lauber y Perruchini (1994).

el horror, y puede fomentar conductas agresivas y hasta violentas.[10] Es evidente que también en el juego nuestras orientaciones son importantes.

Pero cuando aprender y jugar se unen *de verdad,* es una mezcla dinámica que merece la pena alimentar.

Aprender las habilidades sociales mediante el juego

Cada vez hay más centros de primaria que reducen e incluso eliminan el recreo. Es una lástima, porque los niños aprenden unas habilidades de valor incalculable cuando juegan con otros niños.

Además de un cuerpo sano, el juego en grupo desarrolla unas habilidades sociales y de razonamiento fundamentales. Del mismo modo que, según dicen los zoólogos, los monos jóvenes, que disponen de muchísimo tiempo para el juego, desarrollan la inteligencia y unas habilidades extraordinarias para la resolución de problemas, la diversión en grupo ayuda a los niños a aprender a compartir, a participar de los sentimientos de los demás, a socorrer y a llevarse bien con los otros, además de desarrollar una sólida amistad. Cuando en juegos como el de las cartas, la rayuela o el fútbol los niños negocian los conflictos, aprenden importantes habilidades sociales de resolución de problemas. Con el juego también practican la cooperación, el mando y la obediencia, la

Algunos estadounidenses piensan que aprender es siempre pesado y que no debe ser divertido. «Yo tuve que hacerlo cuando era pequeño —dicen—, y si yo tuve que sufrir, también tendrás que sufrir tú.» «Es una idea cuyas raíces quizá se encuentren en nuestros antepasados puritanos, para quienes la diversión siempre equivalía a pecado», dice el psicoanalista Erik Erikson, autor de la obra clásica *Infancia y sociedad.* O quizá sea una idea que proceda de los cuáqueros, que pensaban que hay que «buscar las flores del placer en el campo del deber», es decir, buscar el placer únicamente en el trabajo.[11]

10. Eron (en prensa).
11. Erikson (1963), pág. 212.

comunicación de sus ideas y la atención a las de los demás. Escuchar un poco más las razones de los compañeros desarrolla sus habilidades de razonamiento.

De modo que cuando su hijo tenga 3 años, si no va al parvulario ni tiene amigos en el barrio, hermanos pequeños o primos que vivan cerca, forme usted un grupo de juegos o busque alguna otra forma de que juegue regularmente con otros niños de su edad. Deles juguetes que favorezcan la interacción cooperativa: pelotas, un teléfono o un carrito para los más pequeños y, a medida que se vayan haciendo mayores, juegos de cartas y de mesa.

Descubrir las emociones mediante el juego

A los 4 años, Seth observó a sus padres discutir acaloradamente. Más tarde, en su habitación, simulaba que hablaban sus animales de peluche preferidos, imitando a sus enojados padres. «Estoy harto de tener que trabajar todo el día para llegar a casa y encontrarme con los platos sucios», decía el conejito. «Pues si me preguntaras en vez de acusarme a lo mejor lo entenderías», replicaba el osito. Después Seth hizo que se abrazaran y dijeran: «No nos pelearemos nunca más».[12]

Del mismo modo que ayudó a Seth a aliviar la angustia que le provocó ver discutir a sus padres, el juego de simulación ayuda a los niños a solucionar todo tipo de conflictos emocionales. Con los juguetes figurativos que haya usted reunido —muñecas, muebles y animales— su hijo puede jugar representando situaciones, experimentando la ternura al cuidar de una muñeca, o el arrepentimiento del osito de peluche que se disculpa por no limpiar sus juguetes. No moleste ni interfiera cuando oiga a su hijo simular un ambiente fantástico. No hace más que ejercitar su imaginación y desarrollar la comprensión emocional que necesitará para afrontar situaciones difíciles cuando vaya haciéndose mayor.[13]

12. Lieberman (1993).

13. Jean B. Sanville, carta a las autoras, 10 de diciembre de 1993. J. B. Sanville es psicoanalista y trabaja en Los Ángeles.

Desarrollar la predisposición para aprender

Katie, de 4 años, apila cuidadosamente las piezas de su juego de construcción intentando construir una torre. Pero siempre que coloca la primera pieza sobre la segunda, la torre se desploma. Después de unos cuantos intentos fallidos, pone la primera pieza en sentido horizontal en el suelo, la segunda, horizontal también sobre la primera, y después coloca la tercera en la parte superior. Se sostiene todo durante un momento y luego se desploma. Katie está motivada, pero sabe que no ha descubierto del todo el secreto de la construcción de una torre. Después de experimentar un poco más con el juego, al final construye una que se mantiene erguida, hasta que su hermano de 2 años la tira con un camión.

Katie está aprendiendo una lección que le será muy provechosa en la escuela y en la vida: que la constancia tiene su recompensa. Descubre que puede superar la frustración y los contratiempos, y que si es perseverante y prueba diversas estrategias, alcanzará ese maravilloso sentimiento de satisfacción que se produce al conseguir un objetivo difícil.

El juego es el medio perfecto para fomentar estos hábitos tan importantes de exploración, perseverancia y aceptación del riesgo, porque tiene unos límites muy amplios y no existe castigo cuando no se consigue alcanzar la meta. Libres de preocupaciones por su rendimiento, los niños pueden intentarlo todo, experimentar y explorar. Estos primeros juegos se pueden convertir en modelo para su forma de razonar y solucionar los problemas intelectuales cuando sean mayores. Como decía Jerome Bruner: «La interacción lúdica, flexible, consciente y de negociación de los primeros años, más adelante se puede convertir en modelo de lo que hagamos cuando se nos planteen problemas. Después de haber solucionado problemas en la realidad, y satisfactoriamente, nos podremos sentir animados a solucionarlos pensando».[14]

14. Bruner (1985), pág. 605.

El juego de los niños puede sentar las bases de aportaciones creativas en la madurez. Cuando el neurólogo Oliver Sacks era pequeño, jugaba en el laboratorio que se había construido en su casa con el suficiente cianuro potásico como para volar todo el gran Londres. Trabajar con estos peligrosos productos le aportó, dice, «respeto y responsabilidad, además del placer y la diversión intelectuales».[15]

Del mismo modo, cuando el científico galardonado con el premio Nobel Linus Pauling tenía 11 años, utilizaba sulfato de cobre y otros «interesantes» productos químicos para realizar experimentos «preciosos y espontáneos», que «sentaron las bases de toda su vida creativa», dice Sacks. «Sin estos primeros juegos —pregunta— ¿Pauling habría llegado a ser Pauling?»[16]

Cuidado con los enemigos del juego

Cuando tenía 9 años, la escritora Letty Cottin Pogrebin decidió publicar una revista. Trabajando en su habitación, escribía artículos, anuncios, historietas y hasta cartas al director. Hacía treinta copias de su publicación de cuatro páginas, utilizando para ello una de aquellas antiguas multicopistas de alcohol, y las distribuía todos los meses entre amigos y familiares. «Cobraba tres centavos por cada ejemplar, porque esto es lo que valían entonces los periódicos en Nueva York, y enviaba la revista por correo, lo cual me costaba también tres centavos; nunca comprendí por qué no obtenía beneficios con ella», se ríe.[17]

¿Cuántos niños tienen hoy el suficiente tiempo libre para entretenerse publicando una revista? Son muchos los que, por el contrario, siguen unos programas exagerados: clase de violín los martes y natación los miércoles. Los jueves, seguramente toca kárate y clases particulares de matemáticas. Los fines de semana se dedican al fútbol y a los *scouts*. En el campamento de verano tiene que haber clases de ciencias y de in-

15. Sacks (1999).
16. Sacks (1999).
17. Authors Guild (1999), pág. 18.

formática para poder impresionar después a los responsables de la admisión en la universidad. Si todas estas actividades se añaden a los deberes, muchos niños nunca tienen ocasión de hacer travesuras con un juego de química, reírse tontamente con algún libro de adivinanzas o coleccionar bichos en el jardín. ¿Qué niño tiene hoy el suficiente tiempo libre para montar un negocio de limpieza del césped o para construir una casita para su club? Se espera que emplee hasta el último minuto en convertirse en un especialista, en ser competente y en obtener grandes logros.

Si los niños no disponen de su propio tiempo no podrán explorar sus intereses ni cosechar todos los beneficios del juego.

Por desgracia, existen varias tendencias que confluyen para eliminar el juego de las vidas de nuestros hijos. Los culpables son bien conocidos: la televisión invade el tiempo libre. Las familias monoparentales o en las que el padre y la madre trabajan tienen unos horarios frenéticos. Hasta la comercialización de los días festivos tiende a sustituir los juegos y las celebraciones en familia por las compras y la televisión.

No se sienta usted culpable por dejar que su hijo vea un rato la televisión, sobre todo cuando esté agotado y necesite desesperadamente un poco de paz y tranquilidad. Pero eso no significa convertir la televisión en la actividad «por defecto» a la que recurre su hijo siempre que «no hay nada más que hacer». Intente restringirle los programas y tenga siempre a mano una caja con lápices, papel, cola y otros materiales, a la que pueda recurrir cuando el niño esté aburrido.

David Elkind, psicólogo de la Universidad Tufts, dice que estamos eliminando el tiempo de juego porque hemos cambiado la definición de niño, que ha pasado de ser una persona inocente a una persona competente. Y lo hacemos, cree él, porque no podemos protegerles de toda la inmensa información propia de adultos ni de los muchos riesgos a los que se enfrentan. Deseamos creer que saben enfrentarse solos a estos peligros. «El juego ha dejado de entenderse como algo imaginativo y preparatorio, y hoy se concibe como didáctico y competitivo», asegura.[18]

18. Elkind (1999).

Creo que la tendencia actual de los padres a invertir miles de dólares en entrenadores y profesores para sus hijos, para que destaquen en algún deporte, en vez de practicar muchos, es una señal de esta pérdida de la inocencia.

Otro signo de que nuestros hijos no juegan lo suficiente proviene de los profesores de ingeniería, que dicen que sus alumnos nunca se han entretenido con juegos de Meccano Erector, ni han desmontado radios, bicicletas o teléfonos, como ellos solían hacer. Henry Petroski, jefe del departamento de ingeniería civil y medioambiental de la Universidad Duke, dice que el resultado es que a muchos estudiantes les resulta difícil imaginar las aplicaciones prácticas de la ingeniería teórica. Un estudio informal reciente sobre eminentes ingenieros, añade, descubrió que de niños éstos habían jugado mucho con juegos de construcción y desmontando y montando de nuevo aparatos de cocina, bicicletas y coches.[19] Para suplir esta carencia, la Universidad de Stanford dispone de cursos cuyos alumnos de ingeniería que no tuvieron esa experiencia de pequeños, desmontan y recomponen un Corvette, la transmisión de un Pinto o un taladro inalámbrico.

> La función educativa del juego no es nueva. Hace dos mil años, Sócrates aconsejaba a sus paisanos griegos de la *República* de Platón: «Dejad que la primera educación sea una especie de diversión; entonces podréis descubrir mejor la tendencia natural [del niño] [...] el conocimiento que se adquiere a la fuerza no se retiene en la mente».[20]

El juego y el aprendizaje de calidad van inextricablemente unidos. Por lo tanto, no hinche el programa de su hijo hasta extenuarle. Si sigue algún programa de actividades extraescolares, asegúrese de que disponga de tiempo libre. No se preocupe si no está siempre ocupado. Déjele tiempo para explorar y para soñar. Cuanto más aprenda mediante el juego y cuanto más divertida sea su vida intelectual, mejor florecerá su

19. Petroski (1999).
20. Platón (1901).

motivación natural para aprender y más probabilidades tendrá de que disfrute haciéndolo durante toda su vida.

Una vez sentados los cimientos con la suficiente solidez, estudiemos los tres componentes del amor por el aprendizaje: la competencia, la autonomía y la relación.

3

Nada motiva más a los niños que la competencia

Una mañana de sábado, cuando mi hija Meredith tenía 6 años, la llevé al parque de nuestro barrio para que jugara su primer partido de béisbol. Después de dos o tres golpes estaba tan desmoralizada que quería regresar a casa. Traté de animarla y le dije que estaba muy bien lo que había intentado hacer, pero seguía en sus trece. Yo quería que aprendiera a ser perseverante, así que insistí en que se quedara un poco más. Al final, la tercera vez Meredith le dio a la pelota, que fue a parar al centro del campo, y la niña salió disparada hasta la primera base. Con el siguiente bateador, recorrió a toda velocidad todas las bases hasta completar una carrera. De repente mi hija se había convertido en una jugadora entusiasta, que charlaba con sus compañeras de equipo y acosaba al entrenador con su «¿Cuándo salgo otra vez?». En su siguiente turno como bateadora consiguió llegar otra vez a la primera base. Al final del partido, Meredith estaba tan entusiasmada que no quería volver a casa.

Nada motiva más a los niños que sentirse competentes. De hecho, ése es un sentimiento que nos motiva a todos. Cuando yo conseguí por fin programar el vídeo para que grabara las películas de la televisión, sentí tal sensación de haber logrado algo importante que grabé un montón de películas que no me interesaban lo más mínimo.

Quizá recuerde usted un sentimiento de satisfacción parecido en aquella ocasión que consiguió arreglar el grifo que goteaba o abrir un correo electrónico. Aprender a hacer algo nuevo suele ser tan agradable que no podemos esperar para hacerlo otra vez.

Este mismo sentimiento de satisfacción y placer motiva a los niños pequeños para aprender. Por eso insisten en practicar las habilidades recién adquiridas, como la de girar el pomo de la puerta o la de quitarse los zapatos, una y otra vez, totalmente ajenos a los trastornos o el retraso que provocan. La tendencia hacia la competencia de los niños es tan fuerte que en ocasiones insisten aun cuando los resultados son dolorosos. Piense, por ejemplo, en el niño de un año que no deja de caerse mientras intenta andar. ¡Trate de detenerle!

Los niños mayores sienten esa misma satisfacción cuando desarrollan nuevas habilidades. Al de 9 años quizá le guste comerse las galletas de chocolate que él mismo ha hecho, pero el sentimiento de competencia que produce que todas le hayan salido bien es igualmente gratificante.

Dicho en pocas palabras, a todos nos gustan las actividades que nos hacen sentir competentes.

El efecto motivador de sentirse competente tiene muchísima importancia para el aprendizaje. Las investigaciones han demostrado una y otra vez que cuanto más competentes se sienten los niños en sus estudios, más interés tienen por ellos y más estudian. En otras palabras, la competencia alimenta la automotivación. El sentimiento de euforia que siente el niño después de lograr realizar bien una actividad difícil, desde la de arrancarle el primer sonido al clarinete hasta la de resolver un problema de matemáticas complicado, puede mantenerle trabajando durante mucho tiempo.

El poder del sentimiento de competencia es un descubrimiento relativamente reciente que se propagó en la década de 1950, cuando el psicólogo Robert White inició sus estudios donde Piaget, en aquellas observaciones de sus hijos (véase el cap. 2), las había dejado. White observó que, en comparación con otros muchos animales, los seres humanos nacen indefensos y dependientes. Nuestra supervivencia depende en gran medida de la adquisición de habilidades. Por consiguiente, explicaba White, como resultado de la evolución la tendencia hacia la competencia se ha ganado un lugar en nuestros circuitos internos. Es una tendencia que se asienta en el sentimiento de placer, satisfacción y orgullo que producen los nuevos logros. Del mismo modo que el placer sexual asegura la reproducción, el que sentimos cuando alcanzamos la competencia nos mantiene activos en la lucha por conseguir las aptitudes que necesitamos para sobrevivir. Como el sexo, la competencia se autorrefuerza: se aprecia por sí misma.

Por otro lado, los sentimientos de incompetencia son desagradables y aniquilan la motivación. Rehuimos las actividades que nos hacen sentir frustrados o ineptos. Por ejemplo, yo tengo muy mala memoria para hechos de cultura popular, por eso siempre he odiado el juego del Trivial. Sentimientos de incompetencia similares explican por qué evito el ajedrez y hablar de cuestiones científicas puras y duras.

La competencia es como un motor que arrastra la motivación por el aprendizaje; por eso, cuanto más ayude a su hijo a desarrollar competencias académicas, más fuerte será su automotivación, más ganas tendrá de estudiar y más dispuesto estará a continuar cuando las cosas se pongan difíciles. En este capítulo le mostraré cómo fomentar los sentimientos de competencia de su hijo.

El desafío es la clave de la competencia

¿Las personas prefieren hacer cosas sencillas porque así están seguras de hacerlas bien? Tal vez sea esto lo que usted piense. Pero cuando no se espera ni premio ni castigo alguno por el éxito o el fracaso, normalmente ocurre lo contrario. El éxito en cosas fáciles no aumenta la competencia y por eso no produce ningún sentimiento de logro, satisfacción ni orgullo. Esos circuitos nuestros que nos llevan a ser competentes hacen que prefiramos la «tensión»: el desafío que no es ni demasiado duro ni demasiado fácil, sino el «justo» para incrementar nuestra competencia.

En efecto, los estudios demuestran que, cuando pueden elegir libremente, los niños escogen ese desafío óptimo, la tarea que está un escalón más arriba de su actual nivel de destreza. En uno de esos estudios, por ejemplo, el psicólogo Ed Lonky y dos colegas suyos realizaron a 90 niños de edades comprendidas entre los 5 y los 9 años una serie de pruebas sobre actividades que entrañaban cada vez una mayor dificultad, desde la de clasificar las piezas de un juego de construcción a la de componer un rompecabezas complejo. Cuando después dejaron que los niños escogieran una de entre tres actividades durante diez minutos, *todos* dedicaron la mayor parte del tiempo a la actividad que superaba su grado de destreza. También apuntaron que la actividad «de un nivel superior» era la más interesante de las tres.[1]

En otras palabras, del mismo modo que usted tal vez escogería la pista de esquí más alta que la que acaba de dominar, a los niños les atrae la actividad que no es ni demasiado fácil ni demasiado difícil, la que suponga el «justo» desafío que elevará su competencia hasta el siguiente nivel. Por eso llega un momento en que a los niños pequeños ya no les divierte girar los pomos de las puertas, y dejan de hacerlo para pasar a otra cosa que exija mayor coordinación; y por eso mismo a los niños de preescolar les aburren los rompecabezas sencillos y quieren otros más difíciles. El éxito en cosas que ya dominan no les produce más sentimiento de competencia estimulante que el que pueda producirle a usted un simple problema de sumas o hervir agua (mientras que sí se lo produce aprender a utilizar una hoja de cálculo o preparar un plato exquisito).

La investigadora Susan Harter ha documentado el placer que sienten los niños ante el desafío óptimo. Estudió la forma de sonreír de niños de quinto y sexto curso mientras resolvían unos anagramas. Cuando éstos eran fáciles, los niños los hacían deprisa sin sonreír mucho. Cuando estaban con los más difíciles, apenas sonreían, y decían a los investigadores que se sentían enfadados y frustrados. Harter descubrió que cuando más sonreían era al solucionar anagramas que no les resultaban ni demasiado fáciles ni demasiado difíciles. En otras palabras, encontraban el mayor placer en el desafío «justo», aquel que necesitaban para incrementar su competencia.[2]

Así pues, cuando juega con su hija tirándole cosas para que las coja y ella le grita: «Tira más fuerte»; o cuando le pregunta a su hijo las tablas de multiplicar y éste le pide: «Ahora pregúntame la difícil», están buscando ese sentimiento de satisfacción y competencia que el desafío «justo» les va a producir.

Este desafío óptimo desempeña su papel en la experiencia del «fluir» de que hablaba en el capítulo 1: los estudios han demostrado que los ni-

---

1. Danner y Lonky (1981).
2. Harter (1974).

ños son más propensos a experimentar el fluir en los estudios cuando tienen unos objetivos claros, reciben una retroalimentación inmediata y concreta, y trabajan con el grado de dificultad que corresponde a su nivel de destreza o un poco superior.

¿Se le plantea a su hijo el desafío «justo» en la escuela?

Lo ideal sería que los profesores dieran a cada alumno el trabajo que fuera «justo», pero no es fácil hacerlo en una clase que tiene hasta 30 niños. Los profesores tienden a ajustarse a la media de la clase, lo cual a veces significa poner un trabajo demasiado difícil para unos y demasiado fácil para otros. Si su hijo no es un alumno entusiasta, es posible que el trabajo que no esté al nivel adecuado de dificultad le plantee algún problema.

No siempre es sencillo decir si nuestro hijo se enfrenta a los retos adecuados en la escuela, aunque probablemente tendrá usted alguna idea al respecto. Una forma de comprobarlo es la siguiente:

¿El trabajo es demasiado fácil?

Las respuestas a las siguientes preguntas revelarán si el reto que el trabajo escolar de su hijo le plantea es suficiente para estimular su entusiasmo:

- ¿Dice que el trabajo es fácil?
- ¿Termina los deberes pronto y con muy poco esfuerzo?
- ¿Saca buenas notas en los exámenes sin estudiar mucho?
- ¿Los libros que lee por iniciativa propia son más difíciles que los que le mandan en la escuela?
- ¿Hace los deberes y los exámenes siempre bien o casi bien?
- ¿Se desmoraliza ante una pequeña dificultad? (Esto demuestra que no ha aprendido a afrontar los primeros obstáculos que siempre

acompañan al trabajo difícil, signo muchas veces de que no se le plantean suficientes desafíos.)

Si la respuesta es afirmativa aunque sólo sea a una o dos de estas preguntas, es posible que el trabajo de su hijo sea demasiado fácil y que deba usted hablar con su profesor.

También debe explicar a su hijo por qué los desafíos en el trabajo son importantes, y animarle a buscar tareas más difíciles para así poder desarrollar sus habilidades. Piense en cómo puede su hijo plantearse él mismo más retos en la escuela. Tal vez podría escoger temas más difíciles para sus trabajos, hacer los problemas opcionales o fijarse de algún otro modo unos niveles superiores. Le puede sugerir también que participe en algún concurso de ortografía, asistir al club de geografía después de clase o apuntarse a algún curso de ciencias en el museo durante el verano.

El trabajo que supone un desafío es especialmente importante para los buenos alumnos. Hay demasiados alumnos de este tipo que consiguen el éxito con excesiva facilidad, y algunos raramente se enfrentan a alguna dificultad. La consecuencia es que no aprenden a afrontar los desafíos académicos, y tampoco desarrollan un fuerte sentimiento de confianza en su capacidad para estar a la altura de las circunstancias.

¿EL TRABAJO ES DEMASIADO DIFÍCIL?

Los indicios de que el trabajo es demasiado difícil muchas veces son sutiles, como bien ilustra la siguiente situación entre una madre y su hijo:

MAMÁ: ¿Quieres ponerte a hacer los deberes, por favor? Ya casi es hora de cenar.

RYAN (*sentado sobre los talones en su leonera, las manos en el* joystick *y con la vista puesta en su videojuego*): Voy. Un momento, que acabe esta partida.

(*Al cabo de veinte minutos.*)

MAMÁ: ¿Terminas ya esa partida? Ryan, no has estudiado ni cinco minutos, y mañana tienes examen de matemáticas.

RYAN (*dirigiéndose malhumorado a su habitación*): ¡Vale, vale! Un momento, ¿vale?

(*La madre se asoma a la habitación de Ryan a la hora de acostarse. Le encuentra sentado en el suelo intentando hacer girar una pelota de baloncesto sobre el dedo índice de la mano derecha.*)

MAMÁ: No creo que esto sea estudiar. ¿No tienes examen de matemáticas mañana? ¿Lo has preparado?

RYAN: Sí, lo tendré preparado.

MAMÁ: ¿Qué quieres decir? ¿Has estudiado?

RYAN: Estudiaré mañana en el autobús del colegio.

La mayoría de los niños no quieren admitir su incompetencia. Algunos, como Ryan, prometen trabajar, pero luego no lo hacen. Otros se emplean físicamente en el trabajo, pero tienen la mente en otro sitio. Los hay incluso que se quejan de que determinado trabajo es aburrido o estúpido o demasiado fácil, cuando el auténtico problema es que no saben hacerlo.

Alguna que otra vez no les importa admitir su incompetencia y decir que su trabajo es «demasiado difícil» o protestar: «No sé hacerlo». En este caso hay que averiguar si el trabajo es, realmente, demasiado difícil, o si lo que pretende su hijo es que le deje en paz.

Para evitar tal subterfugio, hable con el niño. Demuéstrele que le quiere, al margen de sus logros, sus notas o sus aptitudes. Procure no enfadarse cuando le hable, y no mencione ni premios ni castigos. Para poder compartir su sentimiento de ineptitud, su hijo necesita sentirse querido y respetado.

Empiece con algo así: «Eres un chico formidable, Sam, pero me preocupan tus estudios y quiero saber si puedo hacer algo para ayudarte». Evite acusarle y el lenguaje amenazador, como: «Quiero saber por qué te niegas a esforzarte en tus estudios», o «Si no empiezas a trabajar en serio, te vas a arrepentir».

Las preguntas concretas son mejores que las generales. En vez de: «¿Entiendes lo que estás haciendo en ciencias?», pregúntele directamente por trabajos concretos. «¿Sabes dónde se supone que debes buscar la información para el trabajo de ciencias?». «¿Has entendido el argumento del libro sobre el que tienes que hacer el trabajo?» «¿Sabes hacer estos problemas de matemáticas?»

A veces los niños no saben por qué no intentan hacer las cosas. Todo lo que saben es que «no me apetece». Si su hijo no sabe o no quiere explicar su falta de motivación, dígale que le enseñe los trabajos que tiene que hacer.

En primer lugar, pregúntele qué es lo que se supone que debe hacer. A veces los niños poseen las habilidades que necesitan, pero no tienen claro qué hay que hacer.

Si lo sabe pero dice «no sé hacerlo», procure que empiece para que usted pueda ver claramente qué es lo que sabe y lo que no sabe hacer. Hágale preguntas concretas: «¿Qué tienes que hacer primero?». «¿Qué parte del problema parece confuso?» Si tiene que leer algo, dígale que lea varios párrafos en voz alta. Luego hágale algunas preguntas para ver si comprende lo que lee.

A veces los niños no necesitan más que un poco de ánimo para seguir adelante. Pero es posible que descubra usted que su hijo realmente no posee las habilidades ni la comprensión necesarias para completar el trabajo. En ese caso, debe elaborar un plan con él para que las adquiera, y probablemente deberá hablar con su profesor.

Creemos que la escuela es el lugar en que tienen lugar la mayoría de los aprendizajes, pero la verdad es que el aprendizaje informal que los niños realizan en casa y en la comunidad contribuye muchísimo a su competencia académica. Usted puede ayudar a construir las habilidades intelectuales de su hijo empezando el día de su nacimiento y siguiendo durante los años de escolarización. No estoy sugiriendo que se pida un permiso para dedicar más tiempo a enseñar a su hijo. Mandamos a los niños a la escuela para que aprendan y, en su mayor parte, la enseñanza es responsabilidad del profesor, no nuestra. Pero sí le digo que incorpore a la vida cotidiana de su familia actividades que favorezcan las competencias de su hijo en los tres ámbitos fundamentales: lectura, escritura y cálculo; y en otros también.

Preparar a su hijo pequeño y de preescolar para que sea competente en la escuela

Pronto hablaremos de las estrategias para ayudar a nuestro hijo a desarrollar las destrezas que necesita para realizar su trabajo académico. Pero antes veamos qué podemos hacer para asegurar que posee las aptitudes que necesita cuando ingrese en la escuela infantil.

UN PLAN DE INMERSIÓN LINGÜÍSTICA PARA SU HIJO

Las habilidades verbales de los niños son muy importantes para aprender a leer y a escribir. Por ejemplo, cuanto más amplio sea el vocabulario de su hijo cuando empiece en la escuela infantil, mejor leerá. Pero no tiene usted que correr a comprar esas tarjetas que se emplean para enseñárselo. Basta con que hable con su hijo.

Erika Hoff-Ginsberg, psicóloga de la Universidad Atlántica de Florida, demostró que las conversaciones con los padres desarrollan el vocabulario del hijo. Grabó en vídeo a diversas madres mientras vestían, daban de comer y jugaban con sus hijos de 8 y 9 meses, y analizó las conversaciones entre unas y otros. Había pocas diferencias entre las madres mientras jugaban con sus hijos. Pero a la hora de vestirles y darles de comer, alrededor de la mitad de las madres hablaban un 25 % más con sus hijos, empleaban un vocabulario más rico y hacían más preguntas que la otra mitad. Por ejemplo, las más habladoras empleaban una media de 190 palabras distintas durante el desayuno, frente a las 148 de las demás. Hoff-Ginsberg descubrió que los hijos de las madres más habladoras poseían un vocabulario más amplio.[3]

Con ello no quiero decir que deba usted mantener con su hija un monólogo ininterrumpido como el siguiente:

> MAMÁ: Es hora de vestirse. ¿Qué camiseta quieres ponerte hoy? ¿La azul? ¿La amarilla? ¡Fíjate qué flores más bonitas! Hoy vamos a

3. Hoff-Ginsberg (1991).

69

ponernos estos pantalones cortos con estas flores tan bonitas. ¡Oh, mira, estos pantalones tienen botones en vez de cierres!

En vez de un monólogo así, haga que la conversación sea un intercambio entre las dos, de modo que su hija no sólo escuche el vocabulario nuevo y las formas de hablar correctas, sino que practique también sus habilidades lingüísticas.

MAMÁ: ¿Qué camiseta quieres ponerte hoy? ¿La azul o la amarilla?
JENNY: La amarilla.
MAMÁ: Te gusta esta amarilla, ¿verdad? ¿El amarillo es tu color favorito?
JENNY: No, me gustan las flores.
MAMÁ: ¿Qué flores son las que te gustan?
JENNY: Las amarillas.
MAMÁ: ¿Y hay otras flores que te gusten?
JENNY: Las de la pared del lavabo.
MAMÁ: Son margaritas. Entonces, ¿a partir de ahora sólo tenemos que comprar ropa que lleve flores? ¿O quieres un poco de variedad?
JENNY: ¿Qué es «variedad»?
MAMÁ: Diferentes colores y formas para los diferentes días; quizá hoy flores azules y mañana globos azules.
JENNY: No me gustan los globos.
MAMÁ: ¿Por qué no te gustan los globos?

Como puede ver, la madre de Jenny hace preguntas y parte de los comentarios de su hija, ampliándole su vocabulario de forma natural mientras hablan.

Los cuentos también enseñan las habilidades verbales de forma agradable. La costumbre de contar y escuchar cuentos enseña a los niños la importancia de prestar atención a la secuencia de los acontecimientos y la de dar a quien escucha todos los detalles que necesita saber:

- Escuche con atención y paciencia las historias que su hijo le cuente sobre sus experiencias o sobre lo que haya descubierto en las películas o en los libros. Anímele a que siga contándole: «Cuéntame más. ¿Qué ocurrió cuando el perro saltó fuera de la bañera?».

- Pídale que complete la información que falte: «¿Qué chica fue la que se cayó en el lago?».
- A medida que se vaya haciendo mayor, hágale preguntas que obliguen a respuestas más complejas: «¿Qué te recuerda esta fotografía?». «¿Cómo crees que se siente ahora el gatito?»
- Destaque las palabras que su hijo oye pero tal vez no comprenda: «¿Sabes a qué se refería la señora cuando te dijo que eras un pícaro?».
- Invite a su hijo más pequeño a que invente cuentos, y escríbalos mientras se los cuenta. Escriba exactamente lo que le diga. Esto le enseñará que las palabras del papel representan las palabras dichas. Guarde sus cuentos en una carpeta o un cuaderno. Le sorprenderá cómo con el tiempo se van haciendo más ricos y complicados.
- Enseñe a su hijo canciones, poemas, versos y juegos de palabras, como el de los antónimos. («¿Qué es lo contrario de frío? ¿Y de grande? ¿Y de sabroso?»)

FOMENTAR LAS HABILIDADES DE LECTURA

Uno de los mejores indicios de cómo van a aprender a leer los niños en la escuela es cuánto se les lee antes de asistir a ella. Si le lee a su hijo con regularidad, leer será para él algo importante y agradable y su vocabulario aumentará a pasos agigantados. Aprenderá también las habilidades de «prelectura» y «preescritura», como la de saber que los libros se leen de izquierda a derecha, que las historias tienen un principio, una parte central y un final, y que los dibujos hablan de la historia.

Integre, pues, la lectura en los hábitos de su hijo desde la misma infancia: dele un libro cuando le lleve en su sillita del coche, deje algunos libros entre sus juguetes y pasee con él por las librerías como forma de entretenimiento. Hay libros que incluso se pueden utilizar en el baño. La lectura antes de dormir es un momento de maravillosa intimidad con su hijo, y además le tranquiliza para que duerma bien.

Lleve a su hijo a la biblioteca con regularidad, por gusto. Pase en ella alguna tarde lluviosa de sábado. Llévese a casa diversos tipos de libros: ilustrados, no ilustrados, de ensayo, de poesía. Ayude a su hijo a buscar los que traten de temas que le interesen: bichos, trenes, muñecas, dinosaurios o monstruos. Pídale al bibliotecario que le sugiera libros que les gusten a los niños de la edad de su hijo. Hojee los libros de ficción infantiles clásicos, como *Heidi* o *El mago de Oz*. Busque y comparta con su hijo aquellos que usted disfrutó en su infancia. Y aproveche las múltiples posibilidades de las bibliotecas: sesiones de lectura de cuentos, fiestas, clubes de lectura de verano, etc., que convierten la lectura en una actividad social y así la fomentan.

Cuando le lea a su hijo estimúlele las habilidades de prelectura de la siguiente forma:

- Cuando acabe una página, hable sobre la ilustración: «¿Has visto alguna vez de verdad a un conejo que haga calceta?». «¿Qué es lo que sale por las chimeneas?» «¿Cuántos sombreros crees que George se pondrá en la cabeza?» «Este pastel de jengibre tiene que estar riquísimo, ¿verdad?»
- Lea los nombres del autor y del ilustrador del libro. Busque la fotografía del autor y lea la dedicatoria. De este modo su hijo comprenderá que las personas escriben libros y empezará a reconocer a los autores que más le gusten.
- Deténgase a mitad del cuento y pregúntele a su hijo qué piensa que va a ocurrir a continuación: «¿Qué crees que harán ahora los chicos perdidos?».
- Al final del cuento haga preguntas del tipo: «¿Por qué quería irse de casa George?», «¿Por qué el hombre siempre lleva un sombrero amarillo?».
- Relacione el cuento con las propias experiencias de su hijo: «¿Crees que Johnny siente lo mismo que sentiste tú cuando Rover desapareció de casa dos días?».
- Si algún personaje del cuento se llama igual que su hijo (o que un hermano, un amigo o un primo), destáquelo. «Fíjate, se llama Charlie, como tú, y escribe su nombre igual que tú.»
- Cuando su hijo empiece a mostrar interés por las letras, de vez en cuando señale palabras que empiecen por la misma letra que su nombre: «Mira, Maggie empieza por *M*, como la *M* de tu nombre, Mandy».

Poco a poco, señale más letras, o pregúntele a su hijo: «¿Sabes qué letra es ésta? Una *P*; y "Papá" también empieza por *P*».

Pero no exagere las cosas. Demasiada «enseñanza» dificultaría el flujo de la historia y la convertiría en una lección de fonética y escritura sin sentido. Si a su hijo le interesa de verdad, juegue a «encontrar todas las *B*» una vez terminado el cuento. Si se distrae después de la cuarta *B*, abandone el juego y busque alguna otra cosa interesante.

No olvide las matemáticas

Saber leer y escribir es la base de la mayor parte del aprendizaje académico, y muchas escuelas insisten acertadamente en el objetivo de que todos los niños sepan leer a los 9 años. Pero eso no quiere decir que el aprendizaje de las matemáticas no sea importante.

Podemos mejorar la competencia matemática de nuestro hijo haciendo que participe en las actividades cotidianas que exigen el razonamiento matemático. Tenga en cuenta que las matemáticas son algo más que sumar y restar. Implican también el reconocimiento de formas, la clasificación, la medición y el cálculo, además de la comparación, la deducción y la predicción. Cuando su hijo intervenga en las actividades cotidianas que exigen este tipo de razonamiento, relaciónelas explícitamente con las matemáticas. Esto le permitirá descubrir que está desarrollando su competencia en esta materia. «Lo que hacemos son matemáticas», le puede decir mientras clasifica la caja de los botones y los empareja («Los grandes van con los grandes, y los pequeños con los pequeños»), o mientras decide cuántas patatas va a necesitar para la cena («Tráeme una para cada uno. Si lo sabes hacer, ya sabes contar; ¡y todavía no vas al colegio!»).

Los juegos de construcción que recomendaba en el capítulo 2 ayudan extraordinariamente a los niños a aprender matemáticas (recuerde que se trata de piezas geométricas). Cuando su hijo esté construyendo una estructura, pregúntele: «¿Cómo lo has construido?» o «A ver si sabes qué pieza busco» y luego dele pistas («Está en la fila de abajo, junto a otra redonda»). Estas preguntas le estimulan a pensar y a hablar de la forma de las piezas y de las relaciones espaciales, dice Susan Ohanian, profesora de matemáticas.[4]

Pruebe también con estas otras actividades de matemáticas:[5]

- A su hijo de 3 años déjele que vaya tachando en el calendario los días previos a su cumpleaños o al Día de Acción de Gracias, para enseñarle a señalar el tiempo.
- Marque en la pared con un lápiz la estatura de su hijo a medida que vaya creciendo, para enseñarle el concepto de medición y comparación.
- Numere del 1 al 12 las diferentes celdillas del cartón de huevos. Dele a su hijo 78 judías y dígale que las coloque en el cartón de acuerdo con el número que figura en cada celdilla (una en la marcada con el 1, dos, en la marcada con el 2, etc.).[6] Si lo hace bien, utilizará exactamente las 78 judías. ¿Sabe por qué?
- Cuente con su hijo un puñado de judías. Luego ayúdele a disponerlas en pares para ver si el resultado es un número par o impar. Si es impar, quedará una judía sin pareja, y si es par no sobrará ninguna. Tome nota de lo que ocurra. Pregunte: «¿Crees que hay alguna regla?».

Desarrollar las aptitudes de su hijo en edad escolar

Lo primero que se nos ocurre cuando pensamos en mejorar las competencias de nuestro hijo en edad escolar probablemente sea ayudarle a hacer los deberes. Eso puede ser algo muy útil, pero hay muchas otras formas de fomentar la capacidad mental de su hijo. Éstas son algunas sugerencias:

4. Ohanian (1994).

5. Para más actividades de matemáticas, véase Stenmark, Thompson y Cossey (1986). Esta obra se publicó como producto del curso de Matemáticas Familiares del Lawrence Hall of Science, de la Universidad de California, Los Ángeles.

6. Stenmark, Thompson y Cossey (1986).

SEGUIR HABLANDO

Hablar con usted es tan importante para desarrollar las habilidades verbales de su hijo mayor como las del más pequeño. Haga que el que ya está en edad escolar le hable de lo que pasa, de sus experiencias y sus sentimientos. Si no comprende lo que le dice, pídale que le dé más detalles. Así aprenderá a dar a quien le escuche toda la información que necesite para comprenderle. Durante la cena, apague el televisor y utilice esos momentos tranquilos en que están juntos para hablar. Aproveche el tiempo que pasa haciendo cola en correos o en la sala de espera del dentista.

SEGUIR LEYENDO

Leer en casa estimula las aptitudes de los niños de todas las edades. Si su hijo ya ha dejado atrás la fase en que usted le leía al acostarse, puede hacerlo ahora solo, como Preston, el hijo de mi amiga Nora. En el programa diario que tiene pegado en la nevera figura el apartado de 8 a 8.30 antes de ir a dormir como «lectura en silencio». O inicie alguna costumbre lectora «nueva» y haga de la lectura por placer un hábito familiar. Los hijos mayores pueden leerle a usted o a algún hermano pequeño.

Muchos niños necesitan una rutina que implique al menos a una persona que les despierte su interés por la lectura. A mí me encantaba leer libros como *El mago de Oz* o *Tom Sawyer* a mis hijos cuando tenían 9 o 10 años. O pueden leer juntos. Ahora Meredith y yo leemos cada una nuestro libro respectivo todas las noches, una junto a la otra, a veces compartiendo lo que descubrimos o nos parece gracioso.

- Para comunicar sus expectativas, comparta sobre todo su propio entusiasmo. Si «hace» leer a sus hijos, no será una lectura por placer.
- Puede hacer usted lo que hizo la especialista en aprender a leer y escribir Lucy Calkins cuando su hijo ya dejaba de hacer la siesta; le permitió que escogiera entre dormir o leer durante ese rato de descanso después de la comida. En las vacaciones de verano, ella lee en la cama por la mañana temprano e invita a sus hijos a que la acom-

pañen. «¿No os gusta que leer sea lo primero que hacéis todos los días?»,[7] pregunta.

- Procure tener en casa abundante material de lectura: periódicos, libros y revistas.

No se preocupe si a su hijo le gustan libros que no sean los clásicos. Siempre que no sean inmorales ni produzcan pesadillas, es preferible que los niños lean «basura», e incluso libros de cómics, a que no lean en absoluto. Sugiera, compre o traiga de la biblioteca a casa otras lecturas mejores, por si acaso se queda sin algo que leer de lo que a él le gusta. Pero si sus esfuerzos sutiles por mejorar el gusto de su hijo fracasan, no se preocupe. A pesar de todo, tiene la *costumbre* de leer, y esto es lo que cuenta.

Y, lo que es más importante, demuestre a su hijo que a usted le gusta leer. Recuerde que los niños «hacen lo que hacemos, no lo que decimos». Los estudios han demostrado que cuanto más material de lectura hay en casa, y cuanto más leen los padres, mejores son las habilidades de lectura de los hijos.[8]

No olvide que el alfabetismo incluye también la escritura. Ayude a su hijo a comunicarse mediante correo electrónico con amigos y parientes, o incluso recupere la antigua costumbre de escribir cartas. Si va de vacaciones, anímele a que escriba tarjetas postales a los amigos. Cómprele un cuaderno bonito para que escriba su diario, o papel vistoso para cartas especiales. Ayúdele a buscar a alguien con quien escribirse: algún primo que viva en otra ciudad o algún compañero de su misma edad de otro país.

SEGUIR CON LOS JUEGOS DE MATEMÁTICAS

Éstos son algunos de los juegos con los que su hijo en edad escolar aprenderá importantes conceptos matemáticos:

7. Calkins (1997).
8. Weinberger (1996); Hess y Holloway (1984).

- En el supermercado, haga que su hijo calcule el precio del carro lleno de comestibles, y no que lo adivine más o menos.
- Comente con su hijo los números que ve en el periódico u oye en las noticias o algún programa de la televisión. «¿Qué diferencia hay entre un millón y un billón?»
- Pregúntele a ese hijo de 9 años chiflado por los deportes qué significa un promedio de bateo de .289. Desafíele a averiguar cuántas veces es bateador cada jugador en un partido normal.
- Al de 5 años dígale que calcule si es más económico comprar un envase grande de zumo o un paquete de seis latas.
- Enseñe a su hijo a utilizar una hoja de cálculo para llevar la cuenta de cómo se gasta la paga.
- Hojeen juntos el *Libro Guinness de los récords*, que incluye muchas comparaciones numéricas.

Procurar que el niño sea así más explícito tiene especial importancia cuando la respuesta que da es incorrecta. Tener que revisar los pasos que ha dado le llevará a la correcta, y al mismo tiempo mejorará sus habilidades de razonamiento matemático. Puede ser útil que comparta con su hijo sus propias habilidades de razonamiento. «Yo lo he averiguado de esta manera.» Pero no insista en que su hijo haga un problema de una forma determinada.

Los profesores de matemáticas recomiendan que, cuando se practiquen estos juegos, se preste tanta atención al razonamiento del niño como a la respuesta que dé. Cuando ya tenga edad para recibir una paga, le puede preguntar: «Si tuvieras monedas de uno, cinco, diez y veinticinco centavos, de cuántas formas podrías pagar un bizcocho de chocolate y nueces de veinticinco centavos?». Y luego continúe: «¿Cómo has encontrado la respuesta?». «¿Qué pensabas?» «¿Hay alguna otra respuesta posible?»

Cree un ambiente que facilite el aprendizaje

Puede usted ayudar indirectamente a su hijo a desarrollar sus aptitudes procurando que disponga de tiempo y tranquilidad para estudiar.

La mayoría de niños no necesita un silencio absoluto, pero la televisión, la conversación u otros ruidos de fondo pueden distraerles. No es fácil que en una casa donde viven otros niños haya silencio, pero trate de reducir al mínimo el ruido y las interrupciones.

Enseñe a su hijo cómo se estudia

Otra forma de ayudar a su hijo a desarrollar su competencia académica es enseñándole a estudiar. Por ejemplo, puede usted:

- Animarle a que lea con detenimiento las instrucciones y comprobar que las ha seguido una vez que haya terminado el trabajo. Por ejemplo, si en algún problema se le dice que dé la respuesta con centésimas, enséñele a asegurarse de que ha cumplido las reglas con exactitud.
- Repase alguna lección de sociales y haga preguntas, para enseñar a su hijo la forma de comprobar que comprende lo que lee. Observe que para saber qué tipo de pregunta se debe hacer se puede fijar en las que haga el profesor en clase y en los exámenes.
- Enseñe a su hijo a subrayar para organizar y aprender lo que esté estudiando, y cómo se confeccionan fichas para recordar las cosas más fácilmente.
- Enséñele a utilizar una agenda, en la que apunte las fechas de los exámenes y de entrega de los trabajos, y a organizar en una carpeta los deberes y las notas para que le sea fácil encontrarlos.

Cuando la competencia sigue siendo un problema

Pero ¿y si nuestro hijo tiene problemas con sus estudios pese a nuestros esfuerzos por ayudarle en su desarrollo intelectual? Tal vez esté en una escuela demasiado exigente, o quizá captar las cosas le cueste un poco más que a otros niños.

Lo primero que hay que hacer es hablar del tema con el profesor y pedir consejo. Algunos profesores agradecen que los padres quieran ayudar al hijo que se queda rezagado. A veces los niños «se pierden» durante un tiempo, y no necesitan más que un poco de ánimo para ponerse al día. Por ejemplo, es posible que el niño que se ha quedado rezagado en matemáticas no haya memorizado las reglas de sumar y restar o las tablas de multiplicar, y no necesite más que un poco más de práctica. Otras veces, las deficiencias son más graves y el niño necesitará mucha más ayuda.

No nos precipitemos en llegar a la conclusión de que nuestro hijo necesita clases particulares. A veces el profesor particular es la mejor solución. Pero en la mayoría de los casos hay alternativas menos caras. Por ejemplo, algunos profesores están dispuestos a atender un poco más a sus alumnos a la hora de la comida o después de clase, o a indicar de qué manera usted, otro niño mayor o un compañero de clase les pueden ayudar. Hay clases que cuentan con un profesor de refuerzo o algún voluntario que puede trabajar por separado con los alumnos o en grupos reducidos. Algunas veces los profesores pueden disponer el trabajo de forma que se ajuste al nivel adecuado de su hijo.

Así pues, hable con el profesor de su hijo si éste tiene problemas, y elabore un plan. Asegúrese de que su hijo comprenda que trata de ayudarle, no de castigarle. Háblele del plan, pídale sugerencias y vea qué es lo que él está dispuesto a hacer. De esta manera se sentirá en cierto modo autor y responsable del plan.

Conseguir las aptitudes necesarias para que las cosas le vayan bien en la escuela es esencial para estar automotivado y aprender. Pero *ser* competente no es el único ingrediente. Para querer aprender de verdad, los niños también tienen que *saber* que son competentes y *creer* que serán competentes cuando intenten alguna cosa nueva. La razón está en que, en lo que a la motivación se refiere, lo que uno cree es tan importante como la propia realidad. En el capítulo siguiente le enseñaré a fomentar la confianza de su hijo en su propia competencia.

4

Sentirse competente: tan importante como la propia competencia

Hannah saca buenas notas en los exámenes estándar de matemáticas, y en los debates de clase parece que comprende la materia. Pero cuando su profesor de quinto la invita a formar parte de un grupo de matemáticas avanzadas, no quiere. «Será un trabajo demasiado difícil», explica. Al profesor no le sorprende del todo su actitud, porque Hannah muestra otros signos de falta de confianza en sí misma. A veces, cuando en clase se introduce algún concepto nuevo, se desanima con facilidad. Y de vez en cuando no hace los problemas más difíciles de los deberes.

Hannah es competente, pero *se siente* incompetente. No cree que pueda realizar, de verdad, un trabajo difícil.

Si el sentimiento de competencia es un potente motor que conduce a que el niño trate de hacer las cosas, los sentimientos de *in*competencia son como la arena que se mete en el depósito de la gasolina que mueve ese motor de la motivación. Después de todo, si un alumno piensa que es inepto, como le ocurre a Hannah, no tiene sentido perseverar cuando se encuentre con dificultades.

Los estudios han demostrado que lo que los niños *piensan* sobre su aptitud académica y su confianza en que sus esfuerzos les lleven al éxito es al menos tan importante como la propia competencia. *Creer* que pueden triunfar influye más en sus esfuerzos que *poder* triunfar de verdad. Como dice Albert Bandura, psicólogo de la Universidad de Stanford: «Cuanto más creen [las personas] en su capacidad, mayores y más constantes son sus esfuerzos».[1] Y es lógico: si uno sabe que no lo va a conseguir, ¿por qué intentarlo?

1. Bandura (1989), pág. 1.176.

Por consiguiente, asegurarse de que nuestro hijo dispone de las habilidades necesarias para el éxito escolar sólo es la mitad de la batalla. Hay que asegurarse también de que piensa que es capaz de aumentar su aptitud para enfrentarse a nuevos desafíos. Este capítulo trata de cómo conseguir la máxima confianza de su hijo en que es competente y puede llegar a serlo aún más. Es un componente esencial de la automotivación para aprender.

Todos los niños son vulnerables

Como es lógico, los niños que durante mucho tiempo han tenido problemas con sus estudios suelen pensar que van a fracasar, a veces en cosas que podrían hacer bien si lo intentaran. Pero el sentimiento de «no sé hacerlo» acosa a *cualquier* alumno, incluso a los mejor dotados.

Lo sorprendente es que los estudios demuestran que los niños dotados, sobre todo las niñas brillantes, son especialmente proclives a infravalorar sus capacidades. La psicóloga Deborah Phillips, en un estudio sobre alumnos brillantes de noveno curso, descubrió que el 20 % subestimaba muchísimo sus aptitudes. Las consecuencias eran graves: estos alumnos no sólo esperaban menos de sí mismos que los otros alumnos brillantes, sino que también tendían a rehuir el trabajo difícil. Y se sentían más angustiados por los exámenes y las notas y eran más propensos a pensar que sus padres y profesores les consideraban «no muy brillantes». Como el resto de alumnos de noveno del estudio se encontraba el 25 % de los mejores alumnos de sus clases. ¿Quién sabe adónde podrían haber llegado si no hubieran tenido que soportar esa pesada losa de la duda de sí mismos?[2]

Phillips hizo además otro descubrimiento sorprendente: de los alumnos estudiados, el 66 % eran chicas, y el cien por cien de quienes subestimaban sus aptitudes también eran chicas.[3] (Éste es un descubrimiento

2. Phillips (1984); Phillips y Zimmerman (1990).

3. Los psicólogos han documentado ampliamente la falta de confianza de las chicas. Véase, por ejemplo, Maccoby (1998); y también Maccoby y Jackling (1974).

que podrá sorprender a cualquiera menos a las feministas, que siempre han sostenido que la sociedad moderna transmite a muchas mujeres el mensaje de que son menos capaces e inteligentes que los hombres.)

Las razones de que los niños más brillantes tengan menos confianza en sí mismos son diversas. Los que destacan en una asignatura a veces se sienten incompetentes cuando otra asignatura les resulta comparativamente más difícil. Por ejemplo, el que redacta estupendamente puede pensar que es un inepto en matemáticas, pese a su respetable competencia, porque las matemáticas le exigen un esfuerzo mayor.

Los mejores alumnos también se pueden sentir incompetentes porque tienen fijados unos niveles de una altura irreal. Tal vez se les alabe tan a menudo su habilidad intelectual que empiecen a pensar que los adultos esperan de ellos un rendimiento sobrehumano y, hagan lo que hagan, siempre se quedarán cortos.

Los niños muy competentes también se acostumbran a ser «los primeros» de la clase y pueden perder la confianza en sí mismos cuando no es así. Por ejemplo, un chico que sea muy bueno en una clase normal, puede sufrir una crisis de su confianza en sí mismo cuando le pasen a una clase de alumnos buenos y no esté más que en «la media».

Ningún niño es inmune a estos problemas, pero la poca confianza en uno mismo no suele surgir hasta los cursos superiores de la enseñanza primaria. Algunos niños más pequeños son muy tímidos y les angustia intentar hacer cosas nuevas, pero los que tienen graves problemas de falta de confianza antes de segundo o tercer curso son escasos.

De hecho, en mis estudios he descubierto que, en los primeros cursos, la mayoría de los niños *sobre*estiman sus aptitudes académicas, y esperan triunfar incluso cuando carecen de las habilidades necesarias. En efecto, casi todos los niños de educación infantil y primaria de mis estudios dicen ser los más listos de su clase. Hacia segundo curso, sin embargo, la mayoría empieza a fijarse en lo que ocurre en el aula. Juzgan su competencia, por ejemplo, por las notas y por los deberes de lectura que se les asigna, y hacia sexto la confianza en sí mismos de muchos niños ha mermado muchísimo.

Tanto si su hijo es un buen alumno como si no lo es, tanto si los estudios le van bien como si le van mal, tanto si es normal como aventajado, es posible que necesite que le ayude en una o más asignaturas para que piense que las cosas le van a salir bien si lo intenta. Lo sensato es estar al acecho de señales que indiquen que su hijo no cree en su propia aptitud para alguna recóndita parte de sus estudios (y usted debe hacer todo lo que pueda para evitar esa duda de sí mismo). Veamos ahora cómo lo podemos conseguir.

Ayudar a su hijo a que crea que puede hacer las cosas bien

Hace poco asistí a una reunión de la escuela y preparé una prueba trivial que leí a mis compañeros de trabajo mientras merendábamos sentados a una mesa de madera en el cámping donde nos habíamos reunido. Disfruté al leer las preguntas del concurso y me reí con todos los demás de las respuestas. Pero hasta que de vuelta a casa un amigo me dijo «Tu concurso fue maravilloso», no estuve segura de que había sido todo un éxito. Me sentí orgullosa y a gusto, además de ver afianzada la confianza en mi capacidad para entretener a los demás. También las personas mayores como yo necesitamos a veces la retroalimentación de los demás para apreciar nuestras aptitudes.

OFREZCA UNA RETROALIMENTACIÓN POSITIVA E INFORMATIVA

Usted puede hacer por su hijo lo que mi amigo hizo por mí. Elógiele por sus logros, para que se sienta competente sobre las habilidades y conocimientos que adquiere.

«¿Por qué tengo que decirle a mi hijo que es competente?», quizá se pregunte usted. «¿No lo saben ya los niños?»

No siempre. Cuando son pequeños, normalmente necesitan la ayuda de los mayores para saber qué pueden hacer, porque la mayoría de sus nuevas habilidades exige una retroalimentación. Cuando consiguen que la lazada de los zapatos se mantenga unos segundos, que el triciclo se mueva cuando le dan a los pedales o que las piezas del rompecabezas encajen perfectamente en el marco, automáticamente los niños pequeños se sienten competentes.

A veces esta retroalimentación también se encuentra presente en las actividades que desarrollan los niños mayores. Cuando la bicicleta en que monta su hijo no se cae, cuando funciona su programa de ordenador o cuando termina un libro más largo o más difícil que los que normalmente lee, sabrá que ha logrado alguna cosa. Pero cuanto mayores se hacen los niños, más complejos son los trabajos que realizan y más necesitan de la retroalimentación de los adultos para apreciar la evolución de sus destrezas. Por ejemplo, es posible que los niños no sepan juzgar el progreso que han hecho en la comprensión de principios científicos o en la mejora de su estilo al escribir. Quizá su hijo, si alguien no se lo dice, no se dé cuenta de que sus ideas son creativas; sus redacciones, emotivas; sus trabajos de ciencias, bien diseñados; o sus explicaciones para resolver una serie de problemas de matemáticas, claras.

Aquí es donde intervienen los padres (y los profesores). La retroalimentación positiva e informativa favorece los sentimientos de competencia de su hijo. Cuanto más concreta o informativa sea la retroalimentación que le ofrezca, mejor. Los elogios generales, como el de: «¡Buen trabajo!», o «¡Vamos, adelante!», animan a los niños con sentimientos positivos. Pero los comentarios que les dicen exactamente qué es lo que han conseguido son mejores, porque definen cuáles son sus aptitudes.

Los conocimientos y las habilidades suelen ser como bloques construidos el uno sobre el otro; por eso, si su hijo sabe qué *puede* hacer, ese conocimiento le ayudará a dar el paso académico siguiente. Tal vez piense: «Ya sé cómo escribir frases correctas; el profesor me ha dicho que sólo necesito aprender a juntarlas para componer un párrafo»; o «Ya sé sumar; el profesor dice que multiplicar es una forma más rápida de hacer un montón de sumas». Por consiguiente, a los elogios de carácter general que le haga a su hijo («Buen trabajo», «¡Magnífico trabajo!») añada comentarios concretos, como los siguientes:

- «¡Distingo todas las letras de tu nombre!».
- «El dibujo que has hecho del corazón humano es tan bueno como el del libro.»

- «Tu historia es muy real. Veo el prado que describes.»
- «Has hecho bien todos estos problemas. Has aprendido a hacer divisiones largas y con resto, ¡y sólo tienes 8 años!»

Comprendo que no siempre tendrá usted tiempo ni capacidad para proporcionar a su hijo una retroalimentación concreta e informativa. Cuando su hijo de 5 años le trae un dibujo hecho de garabatos y está usted ocupada con la cena, tal vez no pueda más que echarle un vistazo y comentar que se parece a papá. Y a medida que los niños se hacen mayores, empiezan a aventajarnos. Mi hija Meredith está haciendo el bachillerato, y a muchos de sus trabajos de ciencias yo no les veo ni pies ni cabeza, de modo que no sé decir mucho más que: «Me gustan los colores de este gráfico». Pero incluso cuando no estamos seguros de lo que ha conseguido nuestro hijo, debemos decirle cuáles creemos que son sus virtudes:

- «Siempre se te han dado muy bien los problemas».
- «Desde luego, escribes como nadie.»
- «Tu habilidad con el ordenador es sorprendente.»

> Mi amiga Susan me recordó la importancia de la retroalimentación positiva un día en que estábamos andando por la playa. «Yo fui a Radcliffe —me dijo—, pero mientras estuve allí me preguntaba si me habían aceptado por la contribución de mi padre al patrimonio de la escuela.» Si alguien de la universidad le hubiera dicho a Susan que había sido aceptada porque sus profesores de bachillerato habían elogiado su trabajo, o porque el interés que sentía por la literatura celta era valiosa para la comunidad de Harvard, es posible que se hubiese sentido mucho más segura de sí misma.

CÉNTRESE EN EL PAPEL DE SU HIJO

A veces los niños no consiguen sentirse competentes porque niegan ser los responsables de su éxito. Por ejemplo, puede que digan que el trabajo era muy fácil, que quizá tuvieron suerte, o que lo hicieron bien porque contaron con ayuda o trabajaron más que los otros.

Usted puede contribuir a conjurar este autodesprecio; para ello, cuando le elogie, refiérase específicamente al papel que desempeñó su hijo. Señale los factores que tuvo bajo su control —como su concentración, perseverancia u organización— y que le llevaron al éxito. De este modo construirá usted la confianza de su hijo, al centrarse en las virtudes a las que puede recurrir en el futuro. A continuación incluyo algunos ejemplos de comentarios que ayudarán a que su hijo acepte la responsabilidad de su propio éxito, y le reafirmarán en su creencia de que es competente y aún puede serlo más:

- «Pusiste mucho cuidado en el trabajo, y no lo dejaste ni cuando estabas cansado. Ha valido la pena esa perseverancia».
- «Trabajaste mucho con esta historia. Deberías sentirte orgulloso de ti mismo.»
- «Todas las investigaciones de más que hiciste en Internet te ayudaron mucho a hacer este magnífico trabajo sobre la contaminación.»
- «¿Recuerdas lo que te costó ese difícil capítulo del libro de ciencias, hasta que al final lo comprendiste? Si haces lo mismo con las matemáticas, me apuesto lo que quieras a que también las entenderás.»

TRANSMÍTALE A SU HIJO LA CONFIANZA QUE *USTED* TIENE EN ÉL

Sharon Nelson-Le Gall, investigadora de la Universidad de Pittsburgh, recuerda el día en que llegó a casa llorando cuando estaba en segundo curso. Le habían puesto como tarea que escribiera toda una frase en letra cursiva para el lunes. Le había costado muchísimo escribir sin dejar ningún espacio entre las letras; ahora le preocupaba que no supiera dejar de unirlas al final de cada palabra. Cuando su madre le hizo ver que ya sabía escribir las palabras con las letras de imprenta, se tranquilizó: «Mi madre me recordó que yo ya sabía el espacio que había que dejar entre las palabras con letras de imprenta», recuerda. «Hizo que lo viera muy fácil, y pensé: "Sí, también lo sé hacer".»[4]

4. Sharon Nelson-Le Gall, entrevista de la autora, 26 de abril de 1995.

87

A veces los niños sólo necesitan que les recordemos lo que ya saben, y así inspirarles la confianza necesaria para dar el paso siguiente. Si su hijo se desanima, vuelva con él a la parte del trabajo que sabía hacer. Si se esfuerza por atarse el zapato, por ejemplo, y se ha olvidado de algunos orificios, le puede decir: «Has pasado bien el cordón por estos tres orificios, o sea, que lo sabrás pasar por los demás». Asimismo, si tiene problemas para terminar la página de ejercicios de matemáticas, le puede comentar: «Ya casi tienes hecha la mitad. Seguro que sabes lo que estás haciendo». Si su hijo le dice que la ortografía es demasiado difícil, dígale: «Pero si en la última prueba de ortografía sólo te dejaste una palabra, y éstas son muy parecidas».

Cuando parezca estar angustiado por algún trabajo o algún examen importante, recuérdele las estrategias que hayan funcionado anteriormente:

- «El trabajo de sociales lo planteaste bien, y el profesor comentó lo bien ordenado y completo que estaba. Seguro que también lo puedes hacer con el trabajo de ciencias».
- «¿Recuerdas que el año pasado decías que empezar a estudiar para los exámenes unos días antes te iba muy bien? ¿Por qué no lo intentas de nuevo?»

A veces todo lo que se necesita son unas pocas palabras de ánimo, por ejemplo: «Sé que lo sabes hacer»; o un desafío: «Te apuesto lo que quieras a que puedes acabar este capítulo antes de cenar si te concentras de verdad».

Pero manifieste su confianza sólo cuando tenga la seguridad de que su hijo *puede* alcanzar el objetivo. Es exasperante que alguien te diga que sabes hacer algo cuando estás seguro de que no es así.

RECONOZCA LA DIFICULTAD

Si cuando su hijo encuentra difíciles los deberes, usted piensa: «¡Pero si es muy fácil!», no lo diga. Decir que algo es fácil no hará que lo sea. Piense en cómo se sentiría usted si entrara el vecino mientras cumplimenta algún impreso de la declaración de la renta y le dijese: «¡Vamos; pero si es muy fácil!». Lejos de darle confianza, con un comentario de este tipo, probablemente le darían ganas de lanzarle el impreso a la cara.

Del mismo modo, si le decimos a un niño que está sudando para hacer los deberes que son fáciles, no le daremos ninguna confianza pese a nuestras buenas intenciones. Lo más probable es que aumenten su desánimo y su ansiedad, porque encontrar difícil un trabajo «fácil» hace que las personas se sientan más incompetentes que cuando el trabajo es realmente difícil. En vez de desanimarle, hay que convenir con él en que el trabajo es difícil, lo cual dará validez a sus sentimientos.

Convenir sencillamente en que el trabajo es difícil no hará que aumente *ipso facto* la confianza de su hijo, por supuesto. Acompañe de ánimo los comentarios positivos que haga o, mejor aún, de sugerencias constructivas. Piense en cómo se sentiría usted si ese vecino le dijera: «A mí también me ha costado mucho, pero al final lo he entendido. Veamos, déjeme que le enseñe algunos trucos». ¿No daría usted un suspiro de alivio e inmediatamente se sentiría confiado en poder presentar la declaración antes de medianoche? Para animarse, bastaría incluso con que su vecino le dijera: «Estoy de acuerdo, este impreso es difícil. Pero se parece mucho al del trimestre pasado, por eso estoy seguro de que sabrás hacerlo».

REFIÉRASE A LOS BUENOS MODELOS

A veces, para animar a su hijo puede señalar a niños de su misma edad que hayan hecho lo que él debe solucionar. Cuando yo estaba en la universidad y daba clases de natación, de vez en cuando hacía que algún niño se fijara en lo bien que otro lo hacía. «Sarah ha cruzado toda la piscina y es más pequeña que tú. Apuesto a que tú también lo puedes hacer», les decía. Como mínimo, esto hacía que el niño que dudaba en tirarse a la piscina adquiriese la confianza en que nada terrible le ocurriría cuando se atreviera a alejarse del borde.

Sin embargo, utilice esta estrategia con cuidado. Destacar el éxito de otro niño también puede dar origen a una competición en la que su hijo espere que va a perder. Y entonces aún estará menos dispuesto a intentarlo. No existe un criterio fácil para prever cuándo será positivo referirse a los logros de los compañeros. Usted no tiene más que conocer bien a su hijo y observar con atención cómo reacciona.

También puede ponerse de modelo, pero tiene que resultar algo creíble. Mi padre solía contarnos los muchos kilómetros que tenía que andar por la nieve para ir a la escuela (y siempre cuesta arriba, repetíamos nosotros). En mi caso, sus palabras no consiguieron que ir a pie a la escuela bajo la llovizna de todos los días en Tacoma me resultara más fácil. De manera que limítese a contar historias que sean creíbles. «También yo hice algo de álgebra en primaria. Al principio parecía difícil, pero al final empezó a tener sentido y recuerdo que me gustaba.»

Tenga cuidado y no se ponga como un mal ejemplo sin darse cuenta. Evite comentarios como los siguientes:

- «Yo tampoco podía con las matemáticas», o
- «Siempre tuve problemas con las redacciones».

Este tipo de observaciones, en vez de animar a su hijo, le sirven de excusa para rendirse. Está bien compartir las dificultades que uno tuvo de estudiante, pero hay que asegurarse de que la moraleja sea que uno nunca cejó en su empeño y que al final obtuvo su recompensa.

DIVIDA LOS TRABAJOS EN TAREAS FACTIBLES

Cuando la señora Schmidt llegó a casa del trabajo, encontró a su hijo Jeremy, de sexto, dormido en el suelo de su habitación. Desparramadas a su alrededor había un sinfín de cosas: mapas, un libro de texto, una carpeta, hojas de instrucciones, lápices de colores y muchas más. Resultó que la causa de su fatiga repentina fue el trabajo sobre el antiguo Egipto que tenía que hacer para sociales. En él debía incluir mapas, fotografías, recortes de prensa e información sobre diversos temas que el profesor había señalado. Jeremy no sabía por dónde empezar. Sólo con leer las instrucciones se quedó dormido. «Nunca podré hacer esto —se quejaba a su madre durante la cena—. El señor Davis debe pensar que estamos en bachillerato para ponernos un trabajo así —gemía—. «¡Sólo tengo 12 años!»

Albert Bandura, psicólogo de la Universidad de Stanford, y su colega Dale Schunk pensaban que los alumnos abrumados como Jeremy podían sentirse mejor si eran capaces de dividir su trabajo en diversos fragmentos. Para comprobar su teoría, dieron a tres grupos de alumnos de primaria siete conjuntos de problemas de restas para que los hicieran en siete sesiones. A los alumnos del primer grupo les dijeron que trabajaran con uno de esos conjuntos en cada sesión, y a los del segundo grupo que tuvieran todo el trabajo terminado para las últimas sesiones. Al último grupo no se le fijó objetivo alguno, sino que se le dijo solamente que trabajara con los problemas.

¿Qué ocurrió? Los niños del primer grupo pensaban que iban a hacer bien más problemas que los otros dos grupos, y así fue. Incluso algo tan sencillo como una serie de problemas de restas les parecía más manejable si el trabajo se descomponía en unidades más pequeñas.[5]

A veces las personas mayores emplean esta técnica para motivarse y terminar lo que parece un trabajo imponente. «De acuerdo, leeré un capítulo de la tesis doctoral de este alumno cada día, con lo que el miércoles la habré terminado», me digo. O: «Si repaso las facturas del negocio antes de cenar, sólo me quedarán para después las de casa».

Puede usted emplear este método de «dividir en fragmentos» para ayudar a su hijo cuando unos deberes complicados le hagan sentir abrumado y le paralicen. Descomponer el trabajo en pasos pequeños le ayudará a superar el miedo a no saber por dónde empezar, y le distraerá del tamaño y la complejidad del trabajo que tanto le intimidan. Y alcanzar cada uno de esos múltiples hitos le dará una sensación permanente de competencia y de lograr lo propuesto. Por ejemplo:

5. Bandura y Schunk (1981).

91

- Si a su hijo le desaniman los problemas formulados que tiene al final de los deberes de matemáticas, dígale que primero haga los problemas de operaciones, y luego que descanse un poco. Después, indíquele que los problemas formulados le piden que haga básicamente el mismo tipo de cálculos que los que ha estado haciendo.
- Cuando su hijo de tercero se desmoralice ante un libro muy largo, ayúdele a que se proponga leer un capítulo cada día, lo cual hará que no le parezca tan enorme. Favorezca su sentimiento de competencia y felicítele por cumplir el objetivo diario que se ha marcado.

Y no nos olvidemos del pobre Jeremy, a quien dejamos aterrorizado por su trabajo sobre Egipto. ¿Qué podría hacer su madre? En primer lugar, ayudarle a hacer una lista de los apartados del trabajo y a elaborar un plan para completar cada uno de ellos. (Es una buena idea asignar tiempo de más al programa, por si acaso algún apartado lleva más del esperado o hay que hacer algún otro trabajo que resulta ser más difícil de lo previsto.) También debería animar a Jeremy para que se olvidara del producto final y se concentrara cada vez sólo en un apartado. Así, un día cualquiera podría leer dos capítulos y tomar notas, o dibujar un mapa, o buscar fotografías en Internet. Cada una de estas partes le parecerán más manejables que un informe de diez páginas y de múltiple contenido.

Además de aumentar la motivación a corto plazo, ayudar a su hijo a dividir un trabajo extenso en fragmentos manejables le proporcionará las estrategias para el futuro. Cuando en primavera tenga que hacer un trabajo de ciencias, Jeremy sabrá estructurar solo este nuevo trabajo, confiando para ello en lo que aprendió cuando en otoño su madre le ayudó a planificar el trabajo sobre Egipto.

Crítica y comprensión: sus efectos contraintuitivos

Mis hijos solían traerme sus redacciones y sus trabajos trimestrales para que los leyera. Soy más bien una persona obsesivo-compulsiva, y solía señalar con un redondel rojo todas las faltas que veía y escribía preguntas y comentarios al margen. No quería desanimar a mis hijos, por eso siempre procuraba ofrecerles también una retroalimentación positiva, y refrenaba mi tendencia a esperar unos niveles de una altura irreal en cualquiera que tuviera conmigo las más mínima relación, incluidos nuestros tres gatos. Pero, debido quizás a que los primeros años de escolarización de mis hijos tuvieron lugar durante el apogeo de las ideas de la autoestima, a veces me preocupaba que mis críticas les hicieran desistir de escribir.

Lo que ocurrió fue todo lo contrario. Lejos de arrojar jarros de agua fría sobre el deseo de escribir de mis hijos, parece que mis críticas lo han alimentado. Jeff escribió una famosa columna en el periódico de su instituto, y Zach lo hizo para el de su universidad. A Meredith le gusta dedicar el tiempo libre a escribir cuentos fantásticos al estilo de Tolkien.

LA CRÍTICA PUEDE DESARROLLAR LA CONFIANZA

La experiencia con mis hijos ilustra las conclusiones de los estudios contraintuitivos, según las cuales la crítica puede hacer que las personas se sientan competentes. En un estudio de alumnos de entre quinto y noveno curso, por ejemplo, sus autores descubrieron que los alumnos cuyos profesores criticaban la calidad de su trabajo (pero no las preguntas que hacían) se sentían más competentes y seguros de sí mismos en matemáticas que los alumnos de los grupos donde no abundaba la crítica.[6] (Evidentemente, la crítica de los profesores era constructiva, no mezquina ni destructiva.)

George Barker y Sandra Graham, psicólogos de la Universidad de California Los Ángeles demostraron que, hacia los 10 u 11 años, los niños comprenden las implicaciones de la retroalimentación crítica. Los niños que participaron en ese estudio veían un vídeo en el que aparecían dos alumnos que hacían un trabajo con la misma calidad. El profesor era crítico con uno de los niños («Vamos, chico. ¿Qué haces? La

6. Parsons, Kaczala y Meece (1982).

respuesta correcta es nueve») mientras que al otro le daba una información neutral («No, ésta no es la respuesta correcta»). La conclusión de los niños que veían el vídeo era que el niño al que el profesor criticaba era más inteligente que aquel que no recibía ninguna crítica.[7]

¿Cómo es posible que la crítica fomente la confianza de los niños en vez de mermarla? La respuesta es que cuando criticamos a las personas, el mensaje oculto es que pensamos que *pueden* hacer mejor las cosas, que tienen el control de lo que pueden conseguir. Cuando creemos que las personas no pueden dar más de sí, no nos enfadamos ni deseamos hacer ninguna crítica. Por ejemplo, no nos enfurecemos ante la persona discapacitada que sigue cruzando la calle cuando el semáforo ya se nos ha puesto en verde, pero es posible que nos enfademos e incluso nos pongamos a chillar por la ventanilla ante una persona aparentemente sin ninguna discapacidad que entorpece el tráfico mientras cruza tranquilamente la calle. Cuando los padres y los profesores proporcionan una retroalimentación crítica, transmiten el mensaje de que creen que el niño puede mejorar. Un profesor no «desperdiciaría» el tiempo criticando a un alumno al que no cree capaz de aprovechar esa crítica. Probablemente ésta sea la razón de que me anime cuando la profesora me corrige en clase de baile. Además de darme una retroalimentación positiva, me dice que piensa que puedo mejorar. Cuando «pasa» de mí, me parece como si hubiera perdido toda esperanza.

Procure mezclar el elogio y la crítica («el encomio y la recomendación»):

- «Están muy claros todos tus puntos, pero no cómo se relacionan entre sí. Sería útil que añadieras elementos de transición entre los párrafos».
- «Empleas el tiempo verbal correcto, pero no siempre los concuerdas bien con el sujeto.»
- «Tienes bien la primera serie de problemas, pero no la segunda. Tienes que repasarlos mejor, porque creo que la mayoría de los errores los cometes por descuido.»

---

7. Barker y Graham (1987).

No le estoy sugiriendo que empiece a verter críticas sobre su hijo, como quien vierte el jarabe sobre el panqueque. Pero la crítica constructiva, equilibrada con una retroalimentación positiva, puede estimular los sentimientos de competencia de su hijo. Cuando, con tono tranquilo y amable, le hace a su hijo una crítica concreta con el fin de ayudarle a corregir y mejorar su trabajo, le dice indirectamente que confía en que puede hacerlo. Si no triunfa, le dice de forma implícita, que es porque no pone el empeño suficiente, o porque emplea una estrategia ineficaz.

LA COMPRENSIÓN PUEDE SOCAVAR LA CONFIANZA

La comprensión presenta otra clara paradoja. ¿No habría que pensar que ésta haría sentir mejor a nuestro hijo en momentos de dificultad? Sin embargo, los estudios demuestran que las personas se sienten comprensivas cuando piensan que un problema o un fracaso escapan al control de la persona en cuestión. Por eso solemos sentirnos más comprensivos que airados con la persona discapacitada que entorpece el tráfico en el paso de peatones. Del mismo modo, comprendemos al colega que se queda rezagado en su trabajo porque está enfermo y en cambio no lo hacemos con el holgazán.

Por lo tanto, si a su hijo le fue mal en la prueba de ortografía y usted le dice: «No te preocupes; está bien», corre el riesgo de que piense que usted no cree que pueda controlar su rendimiento, y que era imposible que hubiese hecho mejor la prueba.

En vez de mostrar comprensión al hijo que obtiene malos resultados, identifíquese con él:

- «Esta nota ha debido de desanimarte mucho».
- «Comprendo que te sientas mal por el resultado de tu examen de ciencias.»

Pero una vez hecho esto, pase inmediatamente a analizar la causa y encontrar el remedio:

- «¿Tienes idea de por qué has sacado un suficiente?».
- «¿Se te ocurre qué puedes hacer la próxima vez para asegurar que te vaya mejor?»
- «¿Cometiste muchos errores, o es que no lo entiendes bien?»
- «¿Crees que te ayudaría hablar con el profesor sobre el problema que tienes? Quizá podría darte algunos consejos sobre cómo estudiar la próxima vez.»
- «¿Te serviría de algo que la próxima vez yo leyera el trabajo sobre el libro antes de que lo entregues?»

Procure que el mensaje subyacente sea que usted cree que su hijo puede hacerlo mejor: que todo lo que necesita es más esfuerzo, una estrategia diferente, o tal vez un poco de ayuda.

Alimentar la confianza cuando el trabajo *es* demasiado difícil

La hija de mi amiga Barbara tenía que hacer un trabajo de investigación sobre Harriet Tubman y convertirlo en una exposición visual. Se suponía que Leah debía hablar de los primeros años de Tubman (el nacimiento, la vida familiar, los incidentes que le habían influido en su madurez), de su aportación a la historia y de las lecciones que se pueden sacar de su vida. También se le dijo que comparara y contrastara a Tubman con otra persona famosa, y que elaborara un fragmento imaginario sobre algún incidente que Tubman podría haber descrito. En la presentación visual se debía ofrecer un diorama en que se representara algún hecho importante de la vida de Tubman, un *collage* y una cronología. ¡Un trabajo interesantísimo! Por desgracia, Leah estaba aún en segundo curso.

La experiencia de Barbara no era una excepción. Mi cuñada Susie me enseñó el complejo diorama sobre los indios chumash que tuvo que hacer su hijo Andy en cuarto. (Al final fue Susie quien hizo prácticamente todo el trabajo.) He oído historias parecidas de un gran número de padres. Hoy muchas escuelas, para implicar a los padres en la educación de sus hijos, mandan unos trabajos tan difíciles que los niños nunca los podrían hacer solos. Los trabajos para la feria de ciencias se han convertido en la pesadilla de muchas familias; tengo una amiga que canceló unas vacaciones para que su marido pudiera estar en casa y así ayudar a su hijo en un trabajo de este tipo.

La costumbre de poner unos deberes que los niños no pueden hacer solos de ninguna manera es indefendible, excepto en los contados casos en que el objetivo es fomentar una interacción significativa entre el hijo y sus padres. La mayoría de estos últimos ya han terminado sus estudios de primaria y poco tienen que ganar al hacer los deberes de sus hijos. Y éstos no aprenden nada cuando son sus padres quienes hacen los trabajos.

CAMBIAR EL TRABAJO

Si parece que un trabajo supera la capacidad de su hijo, anímele a que explique bien qué es lo que quiere el profesor. A veces los niños no comprenden bien qué se les pide. Si sigue pensando que el trabajo es demasiado difícil para su hijo, coméntelo con el profesor, sobre todo si no es la primera vez que ocurre. (Asegúrese de que su hijo esté de acuerdo en que el trabajo le supera; a veces los padres subestiman lo que sus hijos son capaces de hacer.)

Compruebe también que *usted* no asigna a su hijo trabajos demasiado difíciles. En algunas ocasiones los padres sobrestiman la competencia de su hijo y les indican tareas que originan sentimientos de incompetencia y frustración. Tanto si enseña a su hijo a reconocer las letras, a tocar el violín o a identificar las constelaciones, deberá observar las pistas que él le da. Está bien fijarse unos niveles elevados y tener grandes expectativas, pero esto no significa tener que pedir a los hijos que hagan lo que no saben hacer. En nuestras ansias de ayudarles a enfrentarse a este mundo competitivo actual, a veces les empujamos demasiado y nos desmoralizamos cuando no desean participar de nuestros ambiciosos planes. Es posible que el niño remiso no sea vago ni rebelde; quizá carezca sencillamente de las habilidades o de la madurez necesarias.

97

Si su hijo parece perplejo ante un rompecabezas, un experimento de ciencias, algún trabajo con su juego de construcción o un libro que le haya sugerido, plantee cambiar de actividad. Esto no tiene por qué resultar humillante. Diga simplemente algo así: «Vamos a probar antes uno de estos rompecabezas, y luego intentaremos resolver éste». O: «Ahora que me acuerdo, yo era varios años mayor que tú cuando leí este libro. No me extraña que te parezca difícil».

A veces los clubes y las organizaciones también ponen a los niños unas tareas inadecuadas, especialmente cuando se trata de grupos cuyos miembros son de edades muy diversas. Si las actividades superan una y otra vez la capacidad de su hijo, tal vez sea necesario cambiar de equipo de *scouts*, pasarle a otra clase de informática o posponer un año la formación religiosa.

Procure, ante todo, que su hijo no tenga reparos en contarle que tiene dificultades. En primer lugar, escuche. No haga oídos sordos a sus preocupaciones ni empiece una campaña desmedida para darle ánimos, sin antes escuchar todo lo que quiera decirle. A veces nuestros propios deseos son tan obvios que nuestros hijos tienen miedo de decepcionarnos. Si su hijo no tiene ganas de seguir con las clases de informática o de piano, quizá necesite hacerle algunas preguntas la próxima vez que se encuentren los dos tranquilos, para averiguar cuál es el problema.

CAMBIAR LA DEFINICIÓN DE ÉXITO: SER REALISTAS AL FIJAR LOS OBJETIVOS

Caroline estudió con diligencia, como siempre hace, para un examen difícil de ciencias. Sin embargo, no tuvo tiempo de preguntarle al profesor algunos conceptos que seguía confundiendo. Cuando le devolvieron el examen, se sintió aliviada al ver un notable alto en la parte superior de la hoja. Por la tarde se lo enseñó feliz a su padre.

«¿Un notable alto?», dijo éste comprensivo. «¿En qué fallaste, cariño?» Como si de un globo se tratara, de repente el orgullo de Caroline se deshinchó para sumirla en la humillación. En efecto, para el padre de Caroline, el éxito de su hija estaba en el sobresaliente. Cualquier nota inferior significaba un fracaso. Estas expectativas tan elevadas suponen una pesada carga, incluso para un buen alumno. Los padres ejercen una gran influencia en los criterios por los que se rigen sus hijos, de manera que la deben emplear para ayudarles a definir el éxito como el hecho de superar el «desafío justo» del que hablaba en los capítulos anteriores: el trabajo exigente pero factible. Cuando en alguna ocasión su rendimiento baje, afloje usted también un poco.

Imagine, por ejemplo, que su hijo ha escrito bien sólo ocho o nueve de las veinte palabras de la semana. Le puede animar a que en la próxima prueba escriba bien doce. Si lo consigue, festéjelo como si hubiese ganado la Copa del Mundo. Aunque doce de veinte puede ser una nota negativa, para él es un gran logro. Cuando consiga este objetivo, anímele para que suba el listón, quizá hasta catorce o quince. Recuerde que aprender es como la carrera de la tortuga y la liebre de Esopo: lo que importa no es lo deprisa que uno va, sino si se avanza de forma constante hasta que se llega a la meta.

Del mismo modo, si su hijo saca sobre todo suficientes y algún que otro insuficiente, le puede proponer que intente no sacar «ninguna nota inferior al bien». Si quiere ir a la universidad y le presenta dos bienes en el boletín de notas, anímele para que intente sacar todo notables y sobresalientes.

Wendy Mogel, psicóloga de Los Ángeles, habla de una familia que tuvo que cambiar su definición de éxito en bien de la salud mental de su hija. La pequeña sólo era una alumna normal en una familia de personas brillantes, de modo que sus padres la llevaron a clases particulares los cinco días de la semana. «Era una niña perfectamente normal, de inteligencia media y muchas habilidades, pero que asistía a una escuela que académicamente era muy rigurosa para ella», recuerda Mogel. La hija «se preguntaba si tenía alguna lesión cerebral o era retrasada». Mogel convenció a sus padres para que la cambiaran de escuela y dejaran las clases particulares, y la niña enseguida empezó a ir mejor.[8]

---

8. Wendy Mogel, entrevista de la autora, 1 de octubre de 1998.

Los objetivos a corto y largo plazo son útiles, pero tenga en cuenta la edad de su hijo. Para los más pequeños, la nota de un semestre está demasiado lejos para pensar en ella; quizá fuese más productivo centrar su atención en el examen, el trabajo, la redacción o los deberes más inmediatos. Cuanto más joven es el niño, más próximo debe estar el objetivo.

Si su hijo le habla de ambiciones claramente imposibles, no es necesario que automáticamente le desborde a usted un sincero entusiasmo. No diga: «Sería magnífico si ganaras el concurso de ciencias». En vez de eso, sugiera algo más realista, como: «Esto estaría bien, pero para mí sería estupendo que llegaras a la final». O mejor aún: «Sería magnífico ganar una banda, pero lo que me impresiona es que hayas trabajado mucho, y que *sepas* que preparaste muy bien tu trabajo de ciencias».

«Pero ¿no se suponía que debíamos tener grandes expectativas sobre nuestros hijos?», tal vez me objete usted. «¿Por qué vamos a bajar los niveles? ¿No rendirán mejor si esperamos más de ellos? ¿Acaso las grandes expectativas no demuestran la sólida fe que tenemos en su capacidad?»

Sí, el límite sigue siendo el cielo. Pero fijarse y alcanzar unos objetivos intermedios proporcionará a su hijo una sensación de logro y competencia que, a su vez, alimentará su motivación. Definir el éxito como algo que se puede alcanzar aviva su deseo de seguir estudiando y aprendiendo. A medida que su hijo gane confianza en su capacidad para los estudios, usted puede ayudarle a subir el listón.

Cuando los niños juegan, muchas veces ajustan sus objetivos de forma natural para asegurarse el éxito. Por ejemplo, cuando los más pequeños ven que las piezas de un rompecabezas no encajan, es posible que se dediquen a apilarlas para formar una torre, o a colocarlas una detrás de otra para formar un tren. Los mayores de vez en cuando cambian las reglas del juego para mejorar las oportunidades de ganar. «Vamos a adelantar un poco la línea de tiro para estar más cerca», dirá el de 8 años cuando los dardos de goma apenas han dado en el blanco, y no digamos en la diana. No es fácil cambiar tan deprisa los objetivos escolares, pero hay que procurar conseguir la misma flexibilidad.

A veces los hermanos son motivo de que se fijen unos niveles imposibles para los hijos. Muchas veces los profesores contribuyen al problema. «Tuve de alumna a tu hermana Margaret —le oye repetir una niña a su profesor una y otra vez—. ¿Qué hace? Era una alumna brillante.» O más explícitamente: «Espero grandes cosas de la hermana de Margaret Brown».

No compare a su hijo con un hermano, una hermana o un primo que obtuvo unas notas estupendas, consiguió una beca para jugadores de baloncesto para la Universidad de California Los Ángeles, o fundó una cruzada internacional para conseguir la paz en los Balcanes cuando estaba aún en secundaria. La mención frecuente de los logros de sus hermanos puede producir en los niños un sentimiento de ineptitud, por muy bien que hagan las cosas.

Para evitar el efecto del hermano, ajuste sus expectativas de forma individual a cada hijo. Elogie al que ha pasado de bien bajo a notable en álgebra, como elogia al que aparece en el cuadro de honor. Además, ofrezca a sus hijos muchas oportunidades para desarrollar sus habilidades y su talento, de manera que todos tengan la posibilidad de sentirse muy competentes en alguna cosa.

Anime a su hija en matemáticas y ciencias

- «Nunca fui tan brillante como mi hermano en matemáticas.»
- «Siempre que tu madre intenta controlar la cuenta corriente, se arma un lío.»
- «No te preocupes si te resulta difícil. Las chicas no suelen ser muy buenas en matemáticas.»

Los comentarios de este estilo forman parte de los mensajes sociales que explican por qué las chicas, en general, creen ser menos competentes que los chicos en matemáticas y ciencias, aunque obtengan idénticos resultados. Procure no reforzar sin darse cuenta el estereotipo cultural de que los chicos son unos genios en matemáticas y unos empollones en ciencias, y las chicas unas tontas inútiles cuando se trata del álgebra y de disecar ranas.

Los estudios han demostrado que los padres desempeñan un papel clave en la relativamente pobre opinión que las chicas tienen de sí mismas acerca de sus aptitudes para las matemáticas y las ciencias. Se ha descubierto, por ejemplo, que los padres tienden a juzgar que la capacidad para las matemáticas de sus hijas es menor que la de sus hijos, esperan que les vaya peor en esta materia, y son menos propensos a imaginarlas estudiando ciencias exactas. Jacque Eccles (Parsons, de soltera), psicóloga de la Universidad de Michigan, y sus colegas hablan también de que los padres dedican más tiempo a trabajar o jugar con el ordenador con los niños que con las niñas, y también animan con más frecuencia a los primeros a que realicen actividades de matemáticas o ciencias.[9]

Las niñas entienden el mensaje: Eccles descubrió que la opinión que las niñas tenían sobre su competencia en matemáticas estaba influida más por la de sus padres que por las notas o puntuaciones que obtenían en los exámenes. Patricia Byler, alumna mía de doctorado de la Universidad de California Los Ángeles, descubrió hace poco que los padres a quienes les gustaban las matemáticas y creían tener aptitudes para ellas pensaban que sus hijas también eran competentes y les gustaban las matemáticas. Y lo cierto es que tenían razón. Como en los estudios de Eccles, lo que los padres pensaban sobre el sentimiento hacia las matemáticas de sus hijas era un indicio de los propios sentimientos de las niñas por esa asignatura, más que el rendimiento real de éstas en la materia.[10]

No debe usted fingir que le gustan las matemáticas y las ciencias. Pero tampoco empeore los sentimientos negativos. Tenga cuidado también de los mensajes sutiles que pueda transmitir. Mi amiga Nancy me dijo en cierta ocasión que su marido ayudaba a sus hijos a hacer los deberes de matemáticas, y ella les ayudaba en los de lenguaje. Este repar-

9. Parsons, Kaczala y Meece (1982).
10. Byler (2000).

to del trabajo es en sí mismo inocuo. Pero su marido también se encargaba del presupuesto de la familia, de las facturas, los bancos y la economía familiar, mientras que Nancy hacía la compra, cocinaba, limpiaba y atendía la vida emocional de todos. Prácticamente todo lo que ocurría en su casa reforzaba la idea de que los hombres son eficaces en las materias «difíciles», y las mujeres en las «fáciles».

Si éste es el modelo de su familia, procure equilibrarlo con mensajes positivos para sus hijos sobre la capacidad de las chicas para las matemáticas y las ciencias. Sus hijos e hijas se merecen las mismas expectativas elevadas; ayude a unos y otras a desarrollar un alto grado de competencia y confianza.

Una vez que hemos visto cómo estimular la competencia de nuestro hijo y su *fe* en esta competencia, pasemos al segundo componente esencial del gusto por aprender: un sentimiento de autonomía. En el capítulo siguiente descubrirá usted cómo y cuándo debe dar a su hijo la capacidad de elección y la responsabilidad.

5

La autonomía: dar responsabilidad y posibilidad de elección a nuestro hijo

Los Miller no dejaban de gritar y controlar a su hija. «Estoy harta de intentar que hagas los deberes», solía espetar impaciente Natasha a su hija Vanessa, de 9 años. «Eres una perezosa que no quiere trabajar.»

En el último boletín de notas, Vanessa llevaba dos asignaturas suspendidas, pero Natasha y su marido, Rick, observaban que sus comentarios negativos y su malhumor no hacían más que empeorar las cosas. Así que cuando la niña empezó cuarto decidieron asistir a una clase para padres. Allí aprendieron que sus continuos recordatorios eran una forma de asumir la responsabilidad de los deberes de su hija. Hacían que Vanessa pensara que todo lo relacionado con los estudios lo hacía por sus padres.

Los Miller decidieron dejar de importunarla y hacer que asumiera la responsabilidad de su propio trabajo. Al siguiente sábado por la mañana, mientras desayunaban, Natasha y Rick hicieron una propuesta a su hija: estaban de acuerdo en dejar de controlarla. A cambio, ella empezaría los deberes todos los días hacia las 7.00 de la tarde, se los enseñaría una vez terminados y sacaría como mínimo un bien en todas las asignaturas. Ella también aceptó que les pediría que la ayudaran con los deberes siempre que lo necesitara. «Los deberes son por tu bien —dijo Rick— y de ti depende hacerlos».

Después de hablarlo un poco, Vanessa también estuvo de acuerdo en que si alguna tarde no terminaba los deberes, al día siguiente continuaría con ellos tan pronto como llegara a casa, olvidándose del programa de televisión que normalmente veía antes de cenar.

La primera noche en que se aplicó el plan, Vanessa empezó a hacer los deberes sin ganas a la hora de acostarse. Sus padres no dijeron nada, pese a que Natasha no pudo contenerse y le dijo a Rick que tenía sus dudas respecto al nuevo plan. A las 8.20, Vanessa dejó a medio hacer los deberes de matemáticas y empezó a jugar con el perro. Sus padres no dijeron nada. Natasha se durmió repitiendo la misma canción: «No voy a meterme, no voy a meterme».

Al día siguiente, cuando Vanessa se sentó frente al televisor, Natasha se limitó a señalar la puerta de la nevera, donde habían colgado su acuerdo. Vanessa refunfuñó y se fue a su habitación.

Pero poco a poco, a lo largo del curso, Vanessa empezó a cambiar. Algunas noches hacía todos los deberes; otras, sus padres le tenían que recordar que apagara el televisor. En pocas ocasiones pidió que la ayudaran con las matemáticas. Natasha y Rick, por su parte, buscaban la ocasión para ser positivos: elogiaban a su hija los excelentes dibujos y el trabajo de sociales, y la felicitaban siempre que sacaba un bien o más. En la reunión de padres y profesores de enero, el profesor de Vanessa les dijo que la niña terminaba más a menudo sus deberes. Hacia primavera, Vanessa los hacía sola, y las notas habían empezado a mejorar. Hasta ayudaba a aprender a leer a su hermano más pequeño.

«Me sentía aliviada —recuerda Natasha—. Había puesto demasiado empeño en controlarla. Ahora ella era la responsable. Esto me hacía sentir bien, y puedo asegurar que a ella también.»[1]

Los Miller elogiaban los esfuerzos de Vanessa, pero no recurrían al soborno ni a los premios para manipularle la motivación (aunque perderse el programa de televisión era una especie de castigo). Se habían dado cuenta de que el intento de controlar a los hijos hace que éstos se revuelvan, y que hacerles responsables de su propio aprendizaje estimula su motivación interior.

La razón está en que la autonomía, el sentimiento de estar actuando por decisión propia, es otro ingrediente necesario del gusto por aprender. Probablemente a usted no le sorprenda saber que a las personas les gusta poder controlar sus propias vidas. Tal vez por eso el grito de aquel anuncio de Anacin de la década de 1960 —«¡Mamá, por favor, deja que lo haga yo sola!»— se hizo tan popular en Estados Unidos: re-

1. Historia que Lucía Díaz, directora ejecutiva del Centro Familiar Mar Vista, de Los Ángeles, contó a las autoras el 28 de abril de 1995.

calcaba la universalidad de la tendencia humana hacia la autodeterminación. Sin embargo, quizá no sepa usted que los estudios han demostrado fehacientemente que las personas disfrutan más aprendiendo cuando sienten que lo hacen por decisión propia y no porque alguien les inste a hacerlo.

Probablemente habrá observado esta tendencia hacia la autonomía en esos niños de voluntad de hierro que acaban de adquirir una nueva habilidad. Pruebe, por ejemplo, a darle de comer a un niño que acabe de aprender a utilizar la cuchara. «¡No, mío!», grita, apartando la mano del adulto. O intente atar los zapatos al niño de 5 años que acaba de aprender a hacerlo solo. «¡Lo quiero hacer yo!», grita. «¡Déjame!» El psicólogo John Watson descubrió que incluso los niños de 8 meses sonreían y pataleaban alegres cuando conseguían que los móviles se movieran o hicieran algún ruido.[2]

La autonomía también es importante porque con ella los niños pueden sentir el orgullo por sus propios logros. Si usted controla o incluso ayuda demasiado a su hijo, éste tal vez le esté agradecido o contento por no haber fracasado, pero no se puede atribuir el triunfo.

Lo mismo ocurre con las personas mayores; también nosotros queremos disponer de nuestro trabajo. ¿Ha observado alguna vez que la misma actividad, cuando es usted quien decide realizarla, resulta más agradable que cuando es una obligación? Pensemos en el «leer por gusto», que implica que la lectura es agradable cuando somos nosotros quienes decidimos leer, mientras que las lecturas escolares obligatorias no lo son. Por esta razón mi amiga Carole, que ya ha cumplido los 40, está releyendo obras clásicas como *La letra escarlata* y *Jane Eyre*. Y no es que desee recuperar placeres de su juventud, porque cuando tuvo que leer esos libros en bachillerato le resultaron agobiantes. Pero ahora los disfruta enormemente, porque lo hace por propia voluntad.

En efecto, a los adultos (y a los niños) muchas veces les molestan las personas que intentan controlarles más de lo que consideran necesario. Por eso quizá le moleste a usted, por ejemplo, ese jefe autoritario,

2. Watson (1972).

y holgazanee cuando él no está (como hacen los niños cuando el profesor sale un momento del aula).

Aflojar las riendas a su hijo es algo que cuesta poco de decir y mucho de hacer, por supuesto. Si no se esfuerza en la escuela, la reacción natural es darle menos autonomía, tal vez porque usted piense que la educación de su hijo es demasiado importante para correr ese riesgo. O quizá sus padres le educaron en un control estricto, algo que le parece bien.

Pero cuando tomamos medidas enérgicas en relación con nuestros hijos, sofocamos sus sentimientos de autodeterminación, algo que, a largo plazo, es más pernicioso que beneficioso.

«En muchas familias hay una profecía que acarrea su propio cumplimiento», dice el psicólogo Richard Ryan. «Los padres dicen: "Sólo trabaja cuando le grito que lo haga" y yo pienso: "Sí, claro, no me sorprende, porque todos esos gritos han acabado con la idea de que el trabajo es algo que deben hacer ellos".»[3]

Dar el control a su hijo estimula la automotivación para el aprendizaje

Wendy Grolnick descubrió el valor que tiene dar el control a los niños en un estudio realizado a un grupo de mujeres que enseñaban unos juguetes a sus hijos de un año. Observó que algunas mamás, a las que llamó «de apoyo», ayudaban a sus hijos sólo de vez en cuando —por ejemplo, sostenían el juguete sin moverse para que el niño pudiera jugar con él—. Sin embargo, la mayor parte del tiempo estas madres dejaban que sus hijos jugaran como quisieran. Las otras madres, por el contrario, controlaban más. «No, juega así», solían decir, acercando la mano de su hijo a una parte del juguete, o bien «Se hace así».

A continuación, Grolnick dio a los niños otro conjunto de juguetes interesantes (como bancos de zapatero) para que jugaran solos, diciéndo-

3. Richard Ryan, entrevista de la autora, 14 de abril de 1995.

les que los hicieran «funcionar». Los niños cuyas madres simplemente les habían ayudado continuaban intentando hacer que funcionaran los nuevos juguetes. Pero los niños cuyas madres se habían mostrado más controladoras lo intentaban un momento, para desistir enseguida. En otras palabras, los niños a los que se dio cierta autonomía habían desarrollado una automotivación más fuerte para dominar la tarea propuesta.[4]

La autonomía también estimula la automotivación en los niños en edad escolar. Estudio tras estudio se ha demostrado que los alumnos cuyos profesores les permiten cierto control y capacidad de elección en su aprendizaje adquieren una mayor automotivación que aquellos cuyos profesores dirigen todos sus movimientos.[5]

Un estudio sobre niños de ciudad demostró que las notas de los exámenes pueden mejorar si los profesores favorecen la autonomía. El psicólogo Richard DeCharms pasó el Test de habilidades básicas de Iowa a 1.200 alumnos de quinto curso en primavera. Al verano siguiente impartió un curso de una semana de duración a dieciséis profesores de sexto, en el que se les enseñaba a dar a los alumnos más control sobre su aprendizaje, ayudándoles para ello a fijarse unos objetivos personales, hacer un seguimiento de lo que aprendían y evaluar su propio progreso. Los alumnos de otros dieciséis profesores de sexto que no siguieron ese curso servían de grupo de referencia. Al final del sexto curso, DeCharms pasó la prueba de nuevo a los 1.200 alumnos. Aquellos cuyos profesores habían recibido el curso sobre autonomía conseguían casi lo equivalente a medio curso más que los alumnos del grupo de referencia. Y aún era más sorprendente el descubrimiento de que el porcentaje de alumnos que conseguían el título de bachillerato era mayor entre los 600 alumnos «autodeterminados».[6]

Otro estudio demostró que incluso grados aparentemente triviales de posibilidad de elección pueden avivar el entusiasmo de los niños. Se dejó a los alumnos que escogieran tres de entre seis rompecabezas. Es-

4. Grolnick, Frodi y Bridges (1984).
5. Deci, Nezlek y Sheinman (1981).
6. DeCharms (1968).

ta pequeña libertad de elección demostró ser muy importante: esos alumnos eran más perseverantes y demostraban mayor interés por los rompecabezas que otro grupo de alumnos, a quienes se les había dicho qué rompecabezas debían componer.[7]

> Una profesora de cuarto se me quejaba en cierta ocasión de que sus alumnos raramente terminaban los deberes escritos. No me sorprendió, porque era ella quien decidía todo lo que hacían: todos los días, los niños leían un cuento en su libro de lecturas y respondían las cinco preguntas del final de cada capítulo. Le sugerí que, en vez de eso, dejara que sus alumnos escogieran entre tres ejercicios escritos (todos los cuales les enseñarían las mismas habilidades). De modo que les dijo que podían escribir un final distinto del cuento, redactar sus propias preguntas e intercambiarlas con algún compañero de clase, o responder a las cinco preguntas del final del capítulo. El efecto fue inmediato y espectacular: observé que aquel grupo, anteriormente tan aletargado, devoraba el cuento para poder elegir y terminar las tareas que se imponían.

Otros estudios han demostrado que los sentimientos de autonomía dentro de la familia de los niños inciden tanto en su motivación como en su rendimiento. Grolnick y Ryan entrevistaron a 114 padres de alumnos de primaria. Descubrieron que algunos padres tenían un estilo «democrático», que dejaban que sus hijos decidieran cuándo y cómo hacer los deberes, por ejemplo, o que escogieran las tareas domésticas que quisieran realizar. Otros padres del estudio tendían a controlar el comportamiento de sus hijos mediante sobornos y premios. (Una madre, por ejemplo, prometía a su hijo material deportivo si sacaba un sobresaliente, y un padre obligaba a su hijo a quedarse en casa al salir del colegio si sacaba notas inferiores al bien.)

Luego, los investigadores pidieron a los profesores de los niños que calificaran la automotivación de sus alumnos. Según ellos, los niños cuyos padres tenían un estilo más democrático en casa demostraban mayor interés por los estudios. También sacaban mejores notas y pun-

---

7. Zuckerman, Porac, Lathin, Smith y Deci (1978).

tuaciones más altas en las pruebas de rendimiento. «Cuanto más controlados se sienten —explica Ryan—, menos motivados están».[8]

Fomentar la autonomía del niño

Una vez vi cómo un profesor sofocaba el entusiasmo que un niño sentía por los ejercicios de colorear, cuando le dijo que no había seguido las reglas que figuraban a pie de página y que decían: «Colorea el oso de color marrón». El chico así lo había hecho, pero había cometido la grave infracción de pintar de rojo la lengua del animal.

Es un ejemplo extremo, pero no se aleja mucho de lo que suele ocurrir en las aulas tradicionales de Estados Unidos, donde normalmente a los niños se les dice qué tienen que hacer, y cuándo y cómo han de hacerlo. A menudo los profesores dedican una cantidad exorbitante de tiempo para dictar los detalles, por ejemplo dónde escribir el nombre, de qué color ha de ser el bolígrafo y cuántas páginas hay que escribir.

Usted seguramente no podrá cambiar la forma que tiene de enseñar el profesor de su hijo, pero sí puede influir mucho en la automotivación de éste si en casa le concede cierta autonomía, posibilidad de elección y control.

Por ejemplo, muchas veces puede hacer explícita esta posibilidad. Cuando juegue con su hijo pequeño, pregúntele:

- «¿Con cuál de estos rompecabezas te gustaría jugar?».
- «¿Por qué no coges esta noche el libro que te leí?»
- «¿Quieres que juguemos con el juego de memoria o con el de contar?»

Si su hijo está en preescolar o en los primeros cursos de primaria, déjele que decida lo que se lleva para almorzar (o permítale escoger entre diversas posibilidades que le sienten bien). Si la economía se lo permite, deje que escoja el traje de Halloween, la fiambrera para el al-

8. Grolnick y Ryan (1989). La cita es de Richard Ryan, entrevista de la autora, 14 de abril de 1995.

muerzo o el paraguas. Cuando vayan a la biblioteca o a la librería, hágale sugerencias y ayúdele a buscar libros que le interesen. Pero deje que sea él quien decida qué libros se lleva a casa.

LIBERTAD DE ELECCIÓN CONTROLADA

Recuerde que autonomía no significa permisividad. Los estudios demuestran que los niños necesitan una serie clara y bien definida de normas y consecuencias. En este marco deberá dar a su hijo una posibilidad de elección adecuada a su edad.

El estudio clásico del psicólogo Kurt Lewin, de 1939, sobre tres grupos de chicos miembros de clubes de aficionados, ilustra los riesgos de la permisividad exagerada. En uno de esos grupos (el «democrático») una persona mayor ofrecía las actividades y las orientaciones necesarias, pero fomentaba que los chicos participaran en la toma de decisiones. En el segundo grupo (el «autoritario»), una persona mayor daba a los chicos las instrucciones específicas para cada actividad, y en el último grupo (el «permisivo») los chicos podían trabajar como quisieran, con una supervisión mínima.

A continuación se observaba a los chicos en presencia o ausencia de los adultos. Mientras éstos estaban presentes, los grupos democrático y autoritario mostraban una misma productividad, pero el rendimiento del grupo permisivo era escaso. La diferencia entre los dos primeros grupos se puso de manifiesto cuando los adultos abandonaron la habitación. La productividad del grupo «autoritario» (cuyo responsable había impuesto previamente toda la actividad) disminuía de forma constante; sin embargo, los chicos del grupo democrático (a quienes se les había dejado escoger entre una serie de orientaciones claras) seguían trabajando, sin que les afectara la ausencia de su responsable.[9]

¿Cómo puede usted dejar que sea su hijo quien decida, dentro de ese marco que el estudio de Lewin demuestra que es necesario? Así lo hizo una madre con el problema de la hora de acostarse en los días la-

9. Lewin, Lippitt y White (1939).

borables: «Si te levantas solo cuando suene el despertador, y estás listo para salir hacia el colegio, sin que nadie tenga que recordarte la hora que es, puedes decidir, entre las 8 y las 9, la hora de acostarte», le dijo Marilyn a su hijo Tommy. «Pero si tengo que levantarte yo por las mañanas, también seré yo quien decida a qué hora has de acostarte al día siguiente».

Observe que Marilyn estableció un margen de elección (entre las 8 y las 9), además de los criterios para respetarla (si es ella quien ha de despertar a Tommy, éste perderá su posibilidad de escoger). Pero Tommy se mostró de acuerdo. Unos meses más tarde, después de que el niño demostrara que podía tomar decisiones responsables, Marilyn también le permitió que decidiera la hora de levantarse por la mañana (siempre que fuera puntual para salir hacia el colegio).

NORMAS ESPECIALES

Además de los principios generales como el de llegar puntual a la escuela y el de hacer los deberes, en algún momento querrá usted fijar una norma especial, aplicable a una situación concreta. Por ejemplo, cuando la hija del psicólogo Ed Lonky tenía 9 años, le encantaban los libros de terror de R. L. Stein, tanto que apenas leía otra cosa. Un día, Lonky y su esposa dijeron a Megan que para su próximo trabajo debía escoger un libro que no fuera de ficción, y le explicaron que esto le ayudaría a desarrollar sus aficiones y que la lectura de libros de ensayo es una buena forma de aprender cosas nuevas: «¿De qué quisieras saber más?», preguntaron a su hija, que habló de caballos y de la excursión que el verano pasado hicieron a Cape Cod para ir a ver ballenas. Al final Megan se decidió por un libro sobre Jacques Cousteau. «No diga únicamente "tienes que" —dice Lonky—. También hay que explicar las razones.»[10]

Cuando fije un límite nuevo, explique el porqué. Parece que las explicaciones servían de ayuda cuando yo establecía unas normas espe-

10. Ed Lonky, entrevista de la autora, abril de 1995.

113

ciales para mi hijo Zach. Por ejemplo, solía negarse a programarse el tiempo para sus deberes, y prefería ir a salto de mata. Después de resistirse varias veces a «hacer un plan» para el estudio y la redacción de un trabajo extenso, le condicioné una actividad de su tiempo libre a que elaborara un plan o terminara unos trabajos importantes: «Antes de poder irte con el monopatín con tus amigos, debes hacerte un programa para terminar el trabajo de sociales. Si no preparas un programa, acabarás por hacerlo todo a última hora, y no tendrás tiempo de repasar ni perfeccionar el trabajo».

Pero las normas especiales se deben fijar con moderación. Si se repiten a menudo, su hijo acabará por sentirse demasiado controlado.

DESCANSO DESPUÉS DE LA BATALLA:
FIJARSE UNOS HÁBITOS PARA HACER LOS DEBERES

Puede emplear este método de «elegir dentro de un orden» para fijar con su hijo una rutina para hacer los deberes.

Empiece por imponer el menor número de normas posible; únicamente aquellas que sean necesarias. Por ejemplo, puede limitarse a decir: «Todas las noches hay que terminar los deberes».

Si no basta con esta norma, imponga algunas limitaciones adicionales. Pero ofrezca también posibilidades, como las siguientes:

- ¿Hay que empezar los deberes antes de cenar?
- ¿Se deben terminar antes de encender el televisor?
- ¿Se pueden interrumpir por alguna llamada telefónica?
- ¿Vale hacer los deberes delante del televisor? ¿Y además con la radio puesta?

Si elabora estas normas con su hijo, en vez de imponerlas, éste las conocerá de antemano y habrá más posibilidades de que las acepte como justas. Tal vez quiera usted redactar un acuerdo sobre este tipo de normas, que sería firmado por los dos. Si no está de acuerdo con lo que decida su hijo, intente acordar un período de prueba.

Por ejemplo, si su hijo quiere hacer los deberes delante del televisor, puede acordar con él que le permite hacerlo durante una semana o dos para que le demuestre que puede hacer bien los deberes con el televisor en marcha (algo que usted podrá juzgar al observar si sigue obteniendo las mismas notas, o al comprobarlo con el profesor). Si no supera la prueba, desconecte el televisor.

Su hijo también pensará que tiene algo que decir si le deja escoger (dentro de los límites que usted fije) las consecuencias por no cumplir las normas. Hágale preguntas del tipo siguiente:

- «¿Qué crees que se debería hacer si no terminas los deberes un día?».
- «¿Qué deberíamos hacer si no eres capaz de terminarlos varios días seguidos?»
- «¿Podemos acordar que, si no mejoras las notas en el próximo boletín, cambiaremos el sistema de hacer los deberes?»

Las consecuencias del incumplimiento de las normas deben ser las razonables. Si su hijo no termina los deberes, es mejor obligarle a que el próximo día los empiece antes que retrasar la hora de acostarse o privarle de los postres.

Procure mantener los acuerdos. Las normas no se deben revisar todos los días, aunque se podrán hacer excepciones para casos especiales o en situaciones de emergencia.

En el acuerdo incluya también las responsabilidades de *usted*. El siguiente es un contrato que Jon y su padre elaboraron y colgaron de la puerta de la nevera:

Responsabilidades de papá	Responsabilidades de Jon
• Deja que Jon decida a qué hora hacer los deberes.	• Termina los deberes todos los días.
• No se entromete en los deberes de Jon.	• Ninguna nota inferior al notable.
• Deja que Jon vea una hora la televisión antes de cenar.	

Consecuencias del incumplimiento del acuerdo

- Si se entromete una vez:
  saca a pasear al perro de Jon.
- Si se entromete dos veces o más:
  prepara galletas de chocolate para
  el almuerzo de Jon.

- Si no hace los deberes un día:
  se queda sin televisión hasta
  que termine los deberes.
- Si no hace los deberes dos días
  o más:
  se queda sin televisión hasta
  que termine los deberes el
  resto de la semana.
- Si saca alguna nota inferior al
  notable: se queda sin televisión los días laborables, hasta
  que el profesor confirme que
  todas las notas son notable o
  superiores.

A medida que su hijo se vaya haciendo mayor mejorará su capacidad de tomar decisiones, y usted debe darle cada vez más oportunidades para que sea él quien decida. Desde primero hasta tercero o cuarto curso, tal vez deba ayudarle a recordar los deberes que tiene que hacer y tenga que controlarle bastante de cerca. Sin embargo, en quinto o sexto los niños deben ser capaces de organizar y terminar sus deberes sin que haya que imponerles unas normas, aunque es posible que necesiten ayuda para programarse los trabajos a largo plazo.

Pero la edad no siempre es el mejor referente sobre la capacidad de los niños para asumir la responsabilidad. Los más pequeños suelen tener muchas ganas de hacer sus deberes y necesitan poca supervisión, mientras que los mayores necesitan un buen grado de control y persuasión. Vea usted cuál es el caso de su hijo. Si no tiene seguridad de hasta dónde se puede responsabilizar, empiece por darle un grado considerable de autonomía y establezca normas sólo cuando sean necesarias. Tan pronto como demuestre que puede tomar decisiones acertadas, dele más autonomía. El objetivo es que sea completamente autónomo y responsable, y que usted le apoye y controle lo menos posible.

No es fácil abandonar el control y permitir que sean los demás quienes decidan, como bien demuestra la familia Soto. Karen Soto acaba de regresar de una reunión de padres y profesores, donde se enteró de que su hijo Andy no ha estado haciendo los deberes. Muy preocupada, si no completamente asustada, está determinada a «solucionar» el problema enseguida:

> MAMÁ: Vamos a empezar los deberes para que estén listos antes de cenar.
>
> ANDY: Los haré dentro de un rato. Quiero hacer unas cuantas canastas con Cory. Bajo un momento a su casa.
>
> MAMÁ: Hoy no hay baloncesto; no hay manera de que te pongas a hacer los deberes. Ven aquí y abre los libros. (*La madre se sienta frente a la mesa de la cocina.*) A ver, yo te ayudaré a hacerlos. Empecemos por las matemáticas.
>
> ANDY (*a regañadientes*): Odio las matemáticas. Las haré al final.
>
> MAMÁ: Razón de más para empezar por ahí. Vamos. Cuando acabes te daré unas galletas. Pásame el libro de matemáticas y la hoja de ejercicios, y veamos lo que hay que hacer.
>
> ANDY: ¡Porfa, mamá! Déjame que lo haga luego. (*Dándole vueltas al balón impaciente y dirigiéndose hacia la puerta.*) Acabo de llegar de la escuela. Cory me espera.
>
> MAMÁ: Esto es más importante. Tienes que empezar a hacer mejor los deberes o sacarás muy malas notas, y si sacas malas notas tendrás que ir a clases de repaso en verano, y si en verano no apruebas, catearás quinto y nunca llegarás a ser médico. Mira, tus primos hacen los deberes cuando llegan a casa del colegio.

Andy se sienta resignado con su madre, haciendo botar la pelota y mirando por todas partes menos a los libros y los papeles que su madre ha extendido sobre la mesa de la cocina. Como se puede observar, Andy no toma decisión alguna; es su madre quien ejerce el control. Este día, Andy (o mejor, Andy con su madre) terminará los deberes. Y si Karen sigue tan atenta a los deberes del niño, ella misma, hacia final de curso, dominará todos los contenidos de quinto. Ahora bien, Andy habrá aprendido poco y habrá mejorado menos su sentido de la responsabilidad.

El siguiente diálogo muestra cómo un padre permitió cierta autonomía a su hijo sin incumplir la norma básica de que hay que hacer los deberes:

PAPÁ: ¿Cuándo tienes previsto hacer los deberes?

JONATHAN: Ya hice unos cuantos en el Club de Chicos al salir de la escuela.

PAPÁ: ¿Y el resto? ¿Puedes hacerlos antes de cenar?

JONATHAN: Es que quiero probar el videojuego que me ha dejado Josh. Se lo tengo que devolver mañana.

PAPÁ: De acuerdo. ¿Qué te parece entonces si los haces inmediatamente después de cenar?

JONATHAN: Es que hay dos programas de la tele que quiero ver. Después los haré.

PAPÁ: Demasiado arriesgado. Los deberes son importantes y después de ver esos programas estarás cansado. Tienes que escoger entre el videojuego o la tele después de cenar, porque no veo que haya tiempo para ambas cosas.

Deje que su hijo decida su estilo de trabajo

A mi hija le gusta hacer los deberes en el suelo, y a mi hijo en el salón. Tal vez a su hijo le guste hacerlos en el sofá o quizá, incluso, ¡en su escritorio! A unos niños les gusta descansar poco rato, pero a menudo otros prefieren un descanso largo a mitad de los deberes. A uno les gusta mascar mientras estudia; a otro, no. Todas estas circunstancias importan muy poco, y si deja que su hijo las decida le proporcionará un saludable sentimiento de control.

Entré una vez en una clase de tercero de la UES y me encontré con los niños acurrucados debajo de las mesas, sentados en los escalones, tumbados en el suelo o apoyados contra el piano; en cualquier lugar menos sentados en sus sillas. Unos estaban agarrados a animales de peluche; otros se

118

habían quitado los zapatos. No se oía más que el ruido del pasar de las páginas mientras aquellos niños leían unos libros escogidos entre unos pocos que la profesora les había presentado. «Es el momento de la lectura en silencio», me susurró la profesora. Al observar mi expresión de perplejidad, añadió: «Oh, a los niños les gusta buscarse un lugar especial y donde se sientan cómodos cuando leen. Dejo que lo hagan porque les produce un sentimiento de control. Y han aprendido a hacer buen uso de la libertad. Casi nunca tengo que decirles que dejen de hablar».

No esté siempre al acecho

Cuando su hijo esté trabajando solo, manténgase a distancia. No le agobie mirando por encima de su hombro ni le pregunte una y otra vez cómo van las cosas. Algunos niños prefieren tener cerca a sus padres, y otros no. Respete las preferencias de su hijo. En la mayoría de los casos, la mejor estrategia es la de estar disponible para ayudar cuando se nos pida. Si no puede estar usted ahí cuando su hijo le necesita, trate de implicar a algún abuelo, un vecino o algún hermano mayor para que ocupe su lugar.

No recurra a la culpa ni a la obligación

¿Se encuentra a menudo diciendo palabras como éstas?:

- «Estamos pagando miles de dólares a ese colegio privado (aunque nuestra casa está en un buen distrito escolar) para que recibas una buena educación. ¿Qué recibimos a cambio? ¡No estudias!».
- «Tu madre y yo ahorramos dinero todas las semanas para poder pagarte una carrera, y hace diez años que no nos tomamos unas vacaciones. Lo menos que puedes hacer es esforzarte un poco en tus estudios.»

Los comentarios de este tipo implican que su hijo debe estudiar por el bien de usted, y no por su propio bien. Evite, pues, recurrir al sentimiento de culpa. Por mucha razón que tenga, su hijo no se lo va a reconocer y sólo conseguirá que se sienta controlado.

Utilizar el lenguaje de la autonomía

Es sorprendente que los mismos comentarios, dichos de otro modo, puedan cambiar radicalmente los sentimientos de quien los escucha. Favorecer los sentimientos de autonomía muchas veces sólo es cuestión de utilizar un lenguaje que exponga claramente que su hijo puede escoger.

Los estudios han demostrado, por ejemplo, que diferencias sutiles en la forma de dar instrucciones influyen en si las personas sienten que les controlan o que son ellas quienes controlan y, en consecuencia, en su rendimiento. La psicóloga Ann Boggiano y sus colegas plantearon a 34 universitarios una serie de problemas de razonamiento analítico del folleto informativo de un examen estandarizado, el Examen de Licenciatura. A todos los alumnos se les enseñaron las mismas estrategias para solucionar los problemas. Luego, los investigadores dijeron a la mitad de los alumnos que «debían» emplear una estrategia determinada. La otra mitad, a quienes se les dijo que trabajaran como mejor les pareciera, solucionaron más problemas que el primer grupo. ¿Por qué? Boggiano pensaba que su mayor sentimiento de autodeterminación les permitió pensar «de forma más flexible y menos rígida» y concentrarse mejor en lo que estaban haciendo.[11]

Del mismo modo, si en vez de darle órdenes a nuestro hijo le hacemos preguntas, si empleamos un «lenguaje capacitador» y le damos información del modo que describo a continuación, le decimos implícitamente que tiene una posibilidad de elección.[12]

HAGA PREGUNTAS

- Para recordarle a su hijo sus obligaciones: «¿Hoy tienes deberes de matemáticas?». «¿Te gustaría leer tu libro en la biblioteca mientras yo me informo de los tipos de coches en *Consumer Reports*?» «¿Crees que habrás acabado de estudiar las normas de ortografía para cuando

11. Boggiano, Flink, Shields, Seelbach y Barrett (1993).
12. Gran parte de la ideas y los ejemplos sobre el lenguaje capacitador de los tres apartados siguientes se basan en el programa y el manual del Centro Familiar Mar Vista, de Los Ángeles.

yo haya terminado de fregar los platos? ¿Querrás que te las pregunte después?»

- Para que su hijo empiece a organizarse: «¿Cuántos días crees que te va a costar terminar todo el trabajo de matemáticas?». «¿Crees que tendrás tiempo de terminar el poema si empiezas a la 6.30?» «Si hoy fueras al partido de baloncesto, cuándo harías los deberes?»
- Para que se comprometa: «¿Estás de acuerdo en apagar el televisor a las 7 todas las tardes?». «¿Estás dispuesto a subir esta nota hasta el notable?» «¿Qué te parece seis semanas en la escuela de verano y cuatro en un campamento de deportes?»

UTILICE UN LENGUAJE CAPACITADOR

Cuando haga sugerencias, demuestre que reconoce que su hijo es el responsable de su aprendizaje: «No me he puesto todavía a preparar la cena, o sea, que tienes tiempo de empezar los deberes». «¿No te gustaría participar en la maratón de geografía el año que viene?» «Si de verdad quieres estar preparado para entrar en la orquesta el año próximo, tal vez quieras empezar ya un programa de prácticas.» «A lo mejor te interesa hacer los deberes el sábado, para que no tengas que quedarte hasta muy tarde el domingo, después de la excursión.»

DÉ INFORMACIÓN

Una afirmación neutral puede darle pistas a su hijo, sin que tenga que decirle usted lo que debe hacer:

- «En tu último trabajo, redactaste un párrafo cada día. ¿Te fue bien?».
- «A mí me gusta utilizar un diccionario de sinónimos para evitar repetir las mismas palabras.»
- «Una manera de aprender a dibujar es copiar de los grandes maestros.»
- «Bill Bradley quería llegar a ser un gran jugador de béisbol, por eso practicaba mil tiros nulos todas las tardes.»

Ayer por la noche iba conduciendo mientras mi amiga me daba instrucciones. En vez de decirme: «Pásate al carril de la izquierda», me dijo: «El carril de la izquierda es para ir a Pasadena». Puede parecer una diferencia sin importancia, pero me di cuenta de que con su forma de decirlo no me sentía tan presionada ni controlada.

Elegir las actividades extraescolares y de fin de semana

Si su familia no tiene unas tradiciones estrictas (por ejemplo asistir a una escuela religiosa) que exijan la participación de su hijo, la posibilidad de que éste escoja las actividades fuera del horario escolar y del fin de semana le puede dar un control real de su vida. Olvídese, pues, de su deseo de recuperar los placeres de su propia infancia o de enmendar sus propios errores. Dentro de sus limitaciones económicas y de tiempo, deje que su hijo pruebe diferentes actividades y decida con cuál quiere continuar. Sean las excursiones, el fútbol, las clases de ballet, las clases de informática o el kárate, su hijo demostrará más energía y en-

Cuando Meredith estaba en primaria contraté a un profesor de piano. Al principio no parecía que le importara a mi hija, aunque practicaba muy de vez en cuando. Procuré no presionarla, pero seguramente dejaba entrever de mil formas que deseaba que continuara la tradición familiar y fuera una buena pianista. Después de más o menos un año de clases (y sólo unas semanas después de comprar el piano) Meredith salió con que tocaba el piano sólo para complacerme. Dijo que en realidad no le gustaba. Le dije que cuando fuera mayor lamentaría no haber seguido con las clases. Llegué a recurrir a varios de mis amigos para que le dijeran lo mucho que se arrepentían de haber abandonado las clases de música cuando eran niños. Pero cuanto más intentaba convencerla, más se resistía, de manera que tiré la toalla. Unos pocos años después, Meredith pidió empezar de nuevo con las clases de piano. Esta vez tuve cuidado de apoyarla más que de obligarla: «Bien, si esto es lo que quieres...», le dije. «Creo que sí...» Hoy dice que le encanta el piano (aunque sigue sin practicar mucho).

tusiasmo (y obtendrá mayores beneficios) si puede ser él quien decida sus actividades.

No socave las bases de la autonomía de su hijo diciéndole qué es lo que usted quiere que decida. Pero sí le puede dar información. («Nadar es divertido y uno se fortalece mucho.» «El clarinete es una buena idea porque al final acabas tocando en alguna orquesta.») Y desde luego puede decirle cuál es su opinión, si él se la pide.

Si su hijo no dispone de suficiente información para poder decidir, puede usted proponer que pruebe una determinada actividad durante un tiempo (a menos que esté totalmente en contra de ella). Luego deje que decida. Por ejemplo, mi amiga Amy hizo que su hijo jugara a béisbol durante una temporada, pero después le dejó que eligiera jugar o no una segunda temporada (decidió que no).

Una vez que haya escogido una actividad, no limite innecesariamente las posibilidades que ésta pueda tener. Si asiste a clases de dibujo, no le diga qué tiene que dibujar (y desde luego no le diga de qué color ha de pintar la lengua del oso). Si su hija quiere esperar otros seis meses a ponerse zapatos de punta, déjele que lo haga. Este tipo de decisiones incrementan su entusiasmo porque favorecen sus sentimientos de autodeterminación.

La vida está llena de contrastes, y la autonomía y la intimidad son uno de ellos. El sentimiento de autonomía es un componente esencial de la automotivación de su hijo, pero la misma importancia tiene una relación estrecha entre él y usted. Veamos ahora cómo fomentar el amor de nuestro hijo por el aprendizaje mediante una relación estrecha y segura.

6

El poder de la relación de cariño

«¡Qué rollo! —refunfuña Larry, de 10 años, mientras irrumpe en la cocina y tira la mochila al suelo—. No me puedo creer que tenga tantos deberes. ¿Por qué tendrá que acumularlos el profesor si sabe que hoy sólo queremos ver las eliminatorias de baloncesto?»

«¡Vamos! No será para tanto», dice papá, pasando casi sin darse cuenta las páginas de la sección de deportes.

La madre añade: «Larry, en la última evaluación sacaste tres bienes, cosa a la que ni tu padre ni yo nos resignamos. Será mejor que te pongas a trabajar, porque queremos ver que mejoras en tus estudios».

Larry baja la vista abatido, se va arrastrando los pies hacia su habitación y se deja caer en la cama, colocándose los cascos y subiendo el volumen de su discman.[1]

Los padres de Larry tienen las mejores intenciones. Su padre se imagina que quitarle hierro a la cantidad de deberes contribuirá a que su hijo se sienta menos agobiado, y su madre quiere que se responsabilice de sus notas. Por desgracia, lo único que consiguen es que el chico piense que no comprenden todo lo que le está pasando. Y sin embargo, el hecho de que su hijo se sienta comprendido y apoyado es la clave para esa relación de cariño entre padres e hijo que fomenta la motivación de los niños para aprender.

Richard Ryan, psicólogo de la Universidad de Rochester, y dos colegas demostraron, en un estudio realizado en 1994 en alumnos de un centro público de Rochester, Nueva York, el papel esencial que desempeñan las relaciones entre padres e hijo. Preguntaron a 318 chicos y 288 chicas por sus relaciones con sus padres y su actitud hacia los estudios.

1. Situación basada en una idea de Richard Ryan, entrevista de la autora, 14 de abril de 1995.

Descubrieron que cuanto más próximos a sus padres se sentían los estudiantes, cuanto más pensaban que podían confiar en ellos, más motivados estaban para estudiar.[2] En otro estudio de 456 niños de tercero a sexto curso se descubrió que cuanto más creían los niños que sus padres tenían interés por su vida y les apoyaban, más competentes se sentían y mejor era su rendimiento académico.[3]

Tres ingredientes de su relación

Dicen los estudiosos que las relaciones de cariño entre padres e hijos tienen tres ingredientes relacionados entre sí:

Aceptación: el hijo sabe que se le quiere incondicionalmente.
Conexión: los padres sienten un cálido interés por la vida del hijo, participan de ella, son sensibles a sus necesidades y las atienden.
Apoyo: los padres respetan al hijo por sí mismo, y apoyan el desarrollo de su autonomía.

¿De qué manera esta relación próxima y de cariño favorece la motivación del niño por el aprendizaje? De cuatro formas.

La primera tiene que ver con la seguridad emocional que se crea con una relación sólida entre padres e hijo. Los investigadores de la motivación que estudian el efecto que las relaciones de los niños producen en su aprendizaje, partieron de la afirmación del psiquiatra infantil británico John Bowlby de que las personas son más eficaces cuando cuentan al menos con un persona de confianza «detrás de sí», lo que los psicólogos llaman un «apego seguro». Ann Frodi y sus colegas realizaron un experimento para examinar el valor de una relación segura, y analizaron el apego que 41 niños de un año tenían con sus madres. Se descubrió que 31 tenían un «apego seguro»; por ejemplo, no se angustiaban mucho cuando sus madres abandonaban la habitación, en

2. Ryan, Stiller y Lynch (1994).
3. Grolnick, Ryan y Deci (1991).

cambio el de los otros 10 no era tan seguro. A continuación se dio a los niños una serie de juguetes, como cajas llenas de objetos y cubos donde encajar diversas figuras. Los 31 niños con apego seguro jugaban con más perseverancia y competencia que los otros. Demostraban también que sentían más curiosidad y que eran más arriesgados.[4]

El apoyo de los padres «aporta al niño seguridad interior», explican Richard Ryan y su colega Jessica Solky, «que, a su vez, se refleja en la capacidad del niño y en su disposición para ser un investigador curioso del mundo que le rodea».[5]

Igual que el observador del gimnasta o la red de seguridad del acróbata, la base segura de apoyo que le damos a nuestro hijo le permite aceptar los retos que son fundamentales para el aprendizaje; sabe que, triunfe o fracase, nosotros estaremos con él. (Tal vez haya observado usted un fenómeno similar en su trabajo: cuando el empleo es seguro, ¿no nos sentimos más dispuestos a aceptar el riesgo o cualquier desafío?)

En segundo lugar, una relación de confianza con nuestro hijo nos da credibilidad. Es el aceite que hace que toda la maquinaria del aprendizaje motivado se mueva con suavidad. Por ejemplo, cuando le dice a su hijo que es competente o le asegura: «Sabes hacerlo», su confianza significa que cree en usted. Asimismo, es más probable que su hijo acepte las normas de corazón (véase el cap. 5) si cree que lo que usted más desea realmente es lo mejor para él.

En tercer lugar, una relación próxima le acerca a usted a la vida de su hijo. Permite que éste se muestre abierto y sincero sobre sus actos, sus pensamientos y sus sentimientos, para contarle a usted cuándo se siente feliz y contento, o cuándo está preocupado y necesita ayuda. Cuanto más fácilmente discurra su comunicación, mejor podrá usted seguir el progreso de su hijo, señalar sus aptitudes, ofrecer ayuda cuando sea necesaria y decidir cuándo puede darle más autonomía.

Por último, si su relación es de confianza mutua, su hijo «interiorizará» o adoptará sus valores, incluida su convicción de que el trabajo duro y el esmero son importantes en la escuela. Es más probable que

4. Frodi, Bridges y Grolnick (1985).
5. Ryan y Solky (1996), pág. 255.

imite su entusiasmo. Y querrá cumplir las expectativas que usted tiene sobre él, no porque tema el castigo, sino porque las ha asumido como propias.

Así pues. ¿qué puede hacer usted para asegurar este tipo de relación próxima y de cariño con su hijo?

LA ACEPTACIÓN: DEMOSTRAR QUE NOS PREOCUPAMOS

Richard Ryan atendió en cierta ocasión en su consulta privada a una niña cuyos padres hacían que pensara que si los estudios no le iban bien no era buena. «Jennifer no dejaba de empeorar en la escuela —recuerda el psicólogo—. Era como si dijera a sus padres: "Mirad, deseo que me queráis, y si sólo me vais a querer si saco buenas notas, voy a hacer todo lo contrario".»[6]

Está bien que los hijos sepan que las notas son importantes, pero es perjudicial que piensen que nuestro amor por ellos se basa en las calificaciones. Esto sitúa a nuestro hijo ante dos opciones: esforzarse en la escuela con el miedo a perder nuestro amor amenazándole como una negra nube; o puede angustiarse tanto que, igual que Jennifer, deje por completo de estudiar. Los niños han de sentirse seguros de nuestro amor, pase lo que pase. Esto significa aceptarles como son, no porque «son buenos» ni porque saquen sobresaliente en todas las asignaturas. Mi amiga Noreen lo explica del siguiente modo: «Les digo a Vincent y a Juliet que me lo pueden contar todo, por bueno o malo que sea —dice—. Les digo: "No hará que cambie lo que siento. Seguiré queriéndoos". Creo que los niños no oyen estas cosas lo suficiente. Cuando me cuentan cosas que no apruebo —añade—, procuro reprimirme el enfado o la preocupación y explicarles, con el mejor cariño y la expresión más tranquilizadora de que soy capaz, por qué lo que hacen está mal o les perjudica».

Así pues, procure decirle a su hijo que se preocupa por él. No suponga que ya conoce sus sentimientos, ni que bastará con comprarle el

---

6. Richard Ryan, entrevista de la autora, 14 de abril de 1995.

último juego de ordenador o el más fantástico equipo de fútbol. Pese a lo que se proclama en Madison Avenue y a lo que dicen los niños, las «cosas» no demuestran el amor que sentimos por ellos. Sí lo hacen los abrazos y las palabras de afecto.

No contradigamos nuestras palabras de cariño haciendo que nuestro hijo se sienta mal o insignificante cuando estemos enfadados o frustrados. Si tenemos que desahogarnos, saquemos a pasear al perro o pongámonos a amasar unos bollos. Y evitemos comentarios dañinos como los siguientes en cuanto se nos vengan a la mente:

- «Me rindo. He hecho todo lo que he podido, y ni siquiera nos ponemos de acuerdo».
- «¿Por qué no serás como tu hermana? Ella hace los deberes sin que haya que recordárselo.»
- «De acuerdo, suspende quinto si quieres. Ya no me importa.»
- «Si de verdad te preocuparas de papá y de mí, te esforzarías un poco más.»

Los gestos demuestran el cariño

Las pequeñas cosas que hacemos importan mucho. Meredith aún está en bachillerato, y cuando tiene algún examen o una prueba de canto, le preparo torrijas con melocotón en almíbar para desayunar. Cuando la recojo después de natación, le llevo algo de comer porque sé que está hambrienta. Cuando llega indispuesta a casa de la escuela y no quiere estar sola, me llevo el trabajo a su habitación para estar a su lado.

A los padres agobiados por el trabajo les es difícil dedicarse a más cosas. Pero es sorprendente lo mucho que puede significar un pequeño gesto para un niño. Esas pequeñas expresiones de amor y afecto no requieren más que acordarse un poco y unos minutos, pero significan mucho más que un viaje a Disneylandia.

Pensemos en qué es lo que nos conmueve. No es ese perfume caro que nos compra nuestro hijo con la ayuda de su padre. Es la tostada quemada que nos trae a la cama cuando no nos encontramos bien, o el dibujo hecho con lápices de colores para que decoremos nuestro despacho. Del mismo modo que estos pequeños detalles nos hacen sentir queridos, nuestros pequeños gestos harán que nuestro hijo se sienta protegido y amado.

CONEXIÓN: CONOCER AL HIJO ES COMPRENDERLE

La base de una buena relación paterno-filial es procurar que nuestro hijo sepa que sentimos interés por él y hacer que se sienta comprendido. En efecto, los estudios han demostrado claramente que los niños cuyos padres se dan cuenta de sus necesidades y sentimientos suelen ser más curiosos, toman más iniciativas en la escuela y aprenden mejor.[7]

Cuando el hijo es pequeño, es muy sencillo demostrarle cariño. Al cogerle, al darle de comer y al cambiarle los pañales le demostramos que comprendemos cada balbuceo, cada quejido y cada gemido. Cuando sonríe, le sonreímos también. Cuando está disgustado, lo tomamos en brazos y le cantamos suavemente. Cuando emite sonidos, le hablamos como si nos comprendiera, favoreciendo así de forma inconsciente el desarrollo del lenguaje. Atendemos todas sus necesidades, y nos corresponde con su cariño y su confianza.

Pero estar atentos a las necesidades de los niños un poco mayores es más complejo y a menudo exige un esfuerzo consciente de nuestra parte. Éstas son algunas formas de seguir participando de la vida de nuestro hijo y de mantener una conexión sólida:

Interésese por su vida cotidiana

Cuando su hijo ya vaya a la guardería, a preescolar o a la escuela, tener interés por su vida significa saber qué ocurrió mientras usted no estuvo con él. Algunos niños lo sueltan todo a la menor insinuación, pero otros necesitan preguntas más concretas que las de «¿Cómo ha ido hoy la escuela?» o «¿Alguna novedad?». Pruebe con preguntas como éstas:

---

7. Ryan y Solky (1996).

- A los niños de 1 o 2 años, o de preescolar: «¿A qué habéis jugado hoy en el patio?». «¿La señorita Rosen os ha leído un cuento?» «¿De qué trataba?» «¿De qué te encargas esta semana en clase?» «¿Hoy ha pasado alguna cosa en el rincón de los disfraces?»
- A los niños en edad escolar: «¿Qué es lo más interesante (agradable, divertido, apasionante) que has aprendido hoy?». «¿Qué has aprendido en sociales (matemáticas, lenguaje, música) hoy?» «¿Hoy Amanda estaba más amable?» «¿Quién ha ganado el partido de fútbol de mediodía?»

Pídale que un día le enseñe y le explique cómo es su aula después de clase. Ver lo que hace y lo que le interesa le dará a usted muchas ideas para preguntarle después, por ejemplo: «¿Cómo va el ratoncito blanco?». «¿Hoy habéis trabajado en el jardín de la clase?» «¿Ha crecido algo ya?».

No olvide escuchar con atención lo que su hijo le responda.

Pasen tiempo juntos

Pasar el rato juntos, sin hacer nada en el jardín, jugando con la pelota o preparando un pastel, siempre será fundamental para su relación. (Aunque su hijo de menos de 10 años simule que no le ha visto por la calle, quiere pasar ratos junto a usted. Créame.) A muchos niños les encantan las tradiciones familiares, como ir al cine juntos los viernes por la noche, o practicar algún juego de mesa los sábados por la mañana. (Ver juntos la televisión no vale, a menos que se comente lo que se vea o se comparta la pasión por algún deporte.)

Muchas veces iba pensando en el trabajo cuando Meredith estaba en primaria y la llevaba a casa en coche. Procuraba parecer atenta y decía: «Ah, sí», «Vaya», mientras me contaba cómo le había ido el día. Una tarde, cuando ella tenía 6 años, se detuvo a mitad de una frase, cruzó los brazos y gritó: «Mamá. Sé que no me estás escuchando. ¡Presta atención!». Tengo la suerte de tener una hija que me pide lo que necesita de mí. Otros niños se limitan a dejar de hablar.

Si el tiempo es oro, aproveche el tiempo del que disponga. Charle con su hijo en el coche; hable o juegue con él mientras espera que otro de sus hijos termine el entrenamiento o la clase de música; hable con ellos mientras está comprando en la tienda o hace cola en el banco. Cuanto mayor se haga su hijo, más puede compartir con él su vida, lo cual le estimulará para que haga lo mismo con usted.

Si usted y su hijo están enfadados, pasar juntos el tiempo de ocio es fundamental. Es inevitable cierto grado de enfrentamiento entre los padres y el hijo, pero no permita que el conflicto defina su relación. Si las peleas les alejan mutuamente, haga un esfuerzo especial para pasar juntos ratos agradables y libres de enfado. Para ello probablemente será necesario abstenerse de críticas y de riñas, aunque parezcan inevitables. Cuando tenga que morderse la lengua, tranquilícese al pensar que a la larga construir una relación positiva y de cariño hará que sus consejos y opiniones sean más eficaces.

Haga que su hijo se sienta comprendido

Volvamos al incomprendido Larry. Sus padres acababan de terminar un curso sobre paternidad en el centro comunitario local. Rebobinemos la película y observémosles ahora: Larry irrumpe en la cocina quejándose. «¡Qué rollo! No me puedo creer que tenga tantos deberes.» Su padre se muestra comprensivo: «¡Vaya lata! Parece que tu profesor te pone más deberes que los que tu hermana tenía en quinto».

«¿A qué hora empiezan las eliminatorias?», pregunta su madre. «A las siete», dice Larry mirando el reloj, que ya marca las 5.30. «Parece que tienes mucho que hacer», dice la madre mientras pica una cebolla. «Pero si empiezas ya, a lo mejor podrías terminar los deberes antes de que empiecen. Podríamos cenar un poco más tarde. Mira, si terminas los deberes, estoy dispuesta a hacer una excepción y dejar que cenes mientras ves las eliminatorias. A tu padre quizá le guste verlas también.»

De repente a Larry se le ilumina la cara. Sus padres no le han dispensado de los deberes, pero comprenden la importancia que tienen para él las eliminatorias, y hasta van a arreglarlo para que pueda ver el partido esta noche.

Su madre le ha respetado su afición al baloncesto y le ha ofrecido introducir algún cambio en lo que es una costumbre familiar. Su padre ha demostrado comprenderle y ha utilizado una técnica que se llama de reflejo, que los psicólogos han desarrollado para ayudar a que los niños se sientan comprendidos.

El reflejo y otras técnicas para conseguir que los niños hablen

La técnica del reflejo consiste en escuchar atentamente al hijo y reflejar, como si de un espejo se tratara, lo que piensa y siente, repitiendo sus palabras exactamente o parafraseándolas. Por ejemplo:

MAMÁ: ¿Cómo ha ido hoy la escuela?
JULIE (*a punto de llorar*): Horrible. El examen de matemáticas me ha salido horrible.
MAMÁ: ¿Te ha salido horrible?
JULIE: Sí, lo he mezclado todo cuando tenía que coger de la otra columna.
MAMÁ: Ah, lo has mezclado...
JULIE: Es que creía que lo sabía hacer, pero los problemas del examen no eran como los de los deberes, de verdad.
MAMÁ: Comprendo. Lo sabías hacer cuando hacías los deberes, pero luego en el examen no te ha salido.

Al reflejar las palabras de su hija, la madre de Julie hace que se sienta comprendida y que le cuente lo que le pasa. Hay otras formas de estimular a su hijo para que comparta con usted sus problemas. Por ejemplo, si es un niño entusiasta, refleje y comparta su entusiasmo: «¡Esto es magnífico!». Si ha ocurrido algo triste, reféjelo también: «Lo siento», o «¡Qué lástima!».

Si se detiene a mitad de alguna historia, pregúntele: «¿Y luego que pasó», o «¿Y qué dijo entonces?». Puede compartir con él alguna experiencia propia y decirle cómo se sintió usted en aquellas circunstancias.

Tenga cuidado con las expresiones que acaban con una conversación, por ejemplo:

- Dando rienda suelta a nuestros sentimientos: «No creo que pueda aguantar más desgracias hoy». (A menudo dicho con las manos tapando los oídos.)
- El «ya te lo dije»: «¿Ves lo que pasa cuando dejas los deberes para última hora? Ya te dije que sacarías una mala nota».
- Intentando que su hijo piense o sienta de una determinada forma: «Tienes que darte cuenta de que el lenguaje es la asignatura más importante».
- Dando consejos u opiniones que nadie ha pedido: «Yo de ti haría primero las matemáticas, porque es lo que te resulta más fácil». «Te saldrían mejor los exámenes si los prepararas con más antelación.»

No tiene por qué *aprobar* todo lo que su hijo le diga. «Muchas personas que quieren sentirse unidos a su hijo piensan que lo mejor que uno puede hacer es decir cosas agradables o que inspiren confianza», dice Richard Ryan. «En realidad, éste no es el tema clave, y sí hacer que sientan que uno está interesado por ellos y que es capaz de entender su punto de vista».[8] Nuestra comprensión les tranquilizará y así seguirán hablando.

El entrenamiento emocional

El entrenamiento emocional es otra manera eficaz de hacer que nuestro hijo se sienta comprendido.[9] Contribuirá también a que se comprenda a sí mismo. Nuestra función como «entrenador emocional» incluye ayudar a nuestro hijo a poner palabras o nombre a sus sentimientos. Con ello validamos también sus emociones, al mostrarle que son algo normal y correcto.

Así practicaba un padre su papel de entrenador emocional:

JULIAN: ¡Jo! No me puedo creer lo que ha pasado hoy.
PAPÁ: Pareces disgustado de verdad. ¿Qué ha pasado?

8. Richard Ryan, entrevista de la autora, 3 de septiembre de 1997.
9. El entrenamiento emocional lo inventaron los investigadores de la Universidad de Washington, Lynn Fainsilber Katz, John Gottman y Carole Hooven.

JULIAN: Me olvidé de estudiar la segunda hoja de ejercicios de matemáticas, y he dejado la mitad de los problemas del examen por hacer.

PAPÁ: Entiendo que te sientas desanimado.

JULIAN: No es eso. Es que estoy muy enfadado conmigo mismo.

PAPÁ: Te comprendo. (*Se ríe entre dientes.*) ¿Sabes qué hice en cierta ocasión? Había puesto mucho esfuerzo en un trabajo de lenguaje, pero el día que lo tenía que entregar me lo dejé en casa. Al llegar a casa regresé enseguida a la escuela con la bicicleta. La profesora ya no estaba, y le dejé el trabajo en su mesa. Me bajó la nota por haberlo entregado tarde. Me sentí un estúpido.

Obsérvese que este padre evita las trampas en las que suelen caer muchos cuando se enfrentan a las emociones negativas de sus hijos. Él:

- No las niega: «Vamos, hombre, no tienes que preocuparte por esto».
- No trata de convencerle para que se olvide: «Lo que tienes que hacer es olvidarte y seguir adelante».
- No le tranquiliza: «Bueno, pero ayer escribiste un poema precioso. El examen de matemáticas no tiene tanta importancia. No dejes que te agobie».
- No manifiesta enfado ni impaciencia: «Te dije que te aseguraras de que te lo habías estudiado todo. ¿Cómo es posible que seas tan descuidado».
- No procura distraerle: «Vamos a ver juntos el partido de los Lakers esta noche».

Aunque la frustración de Julian le incomoda (ningún padre desea que su hijo se sienta mal), el padre no trata de «solucionar» enseguida el problema de su hijo. El objetivo del entrenamiento emocional es aceptar la emoción del hijo tal como es. (Le podemos ayudar a solucionar el problema, si fuera necesario, más adelante.) El padre de Julian, por el contrario, demuestra que sabe soportar los sentimientos negativos de su hijo e incluso participar de ellos. Esto hace que el niño se sienta comprendido.

Algunos consejos que le ayudarán como entrenador emocional:

- Haga preguntas: «¿Qué ocurrió?». «¿Qué es lo que te alegró tanto?» «¿Por qué te enfadaste tanto?» «¿Cómo te sentiste (con ese trabajo, esa nota, ese premio)?» «¿El comentario del profesor te hizo sentir avergonzado (o te animó, o te hizo sentir orgulloso)?»
- Póngale nombre a los sentimientos de su hijo: «Pareces desanimado». «Parece que lo has sentido mucho.» «Tienes cara de enfadado.» «Pareces decepcionado.» «Apuesto a que te preocupaste (tuviste miedo, te alegró, te gustó, estuviste contento).»
- Participe de sus sentimientos, para demostrarle que comprende lo que siente: «Sé a qué te refieres». «Comprendo lo decepcionante que es.» «Lo entiendo.» «Imagino cómo te sientes.»
- Participe de sus sentimientos y cuéntele alguna experiencia similar, como hacía el padre de Julian. (A los niños les encanta oír que uno ha pasado por las mismas cosas.) Por ejemplo, puede decirle: «Cuando yo estudiaba gramática también me sentía desanimado», o «Recuerdo que los profesores se negaban a escuchar mi punto de vista. Esto también me ponía enfermo».

Esta participación afectiva es especialmente importante cuando ponemos determinados límites al comportamiento negativo de nuestro hijo: «Ya sé que estás harto de los deberes, pero no puedes tirar el libro por el tubo de la incineradora». «Comprendo que quieras salir a jugar ya, porque hace un día precioso. Pero quedamos en que primero terminarías los deberes.»

Como puede ver, no le estoy recomendando que disculpe la conducta negativa a su hijo. Si tira el libro de matemáticas contra la pared o arremete contra su hermano pequeño, puede usted aceptar los sentimientos de su hijo, pero debe poner límites a su comportamiento.[10]

Decirlo cuesta poco; hacerlo, más

Ser comprensivo y participar de las emociones de los demás puede ser muy difícil. Ante los fracasos y los sentimientos negativos de nuestro hijo, nos podemos sentir enfadados, disgustados o impotentes. Qui-

10. Lynn Fainsilber Katz, entrevista de la autora, 1 de febrero de 1995.

zá nos echemos las culpas, o nos sintamos decepcionados porque nuestro hijo no cumple con nuestras expectativas. Por eso puede ser más fácil saber qué hay que decir que decirlo de verdad.

Le sería de utilidad que primero cuente sus propios sentimientos a su cónyuge o a un amigo. Luego, cuando se sienta más tranquilo, puede sacar el tema de nuevo con su hijo. La madre de Bridget, por ejemplo, se enfureció cuando ésta le dijo que la presentación de un trabajo le había ido muy mal porque no la había preparado (pese a lo mucho que se lo había recordado la noche anterior). Pero esa mujer reprimió el «Ya te lo dije» cuando Bridget le habló por primera vez de su fracaso. Más tarde, la madre volvió al tema:

> MAMÁ: Parecías enfadada esta tarde porque no habías preparado la exposición oral del trabajo sobre el libro.
> BRIDGET: Sí, me siento como una tonta.
> MAMÁ: ¿Qué te hace sentir como una tonta?
> BRIDGET: Creí que lo podría hacer durante la clase de gimnasia, por lo de la rodilla, pero hoy en vez de jugar a voleibol hemos tenido una charla sobre deportividad, y he tenido que escuchar.
> MAMÁ: Parece que te arriesgaste al esperar hasta el último minuto.

Reencuadrar

A veces es útil «reencuadrar» las emociones de nuestro hijo, o verlas desde otro ángulo. Pero asegúrese de que las reencuadra sin perder de vista los sentimientos iniciales, y de creerse de verdad el nuevo punto de vista. Por ejemplo, si su hijo se siente avergonzado porque sale de su aula para ir a repaso, usted puede reencuadrar la situación de la siguiente forma: «Comprendo que sientas vergüenza por tener que salir de clase. Pero el repaso es bueno, porque aprendes más. Y trabajas tú solo con el profesor, en una clase particular, no con un grupo grande. A lo mejor si piensas en todas las ventajas de estas clases de repaso te parecerán mejor». (Pero no diga: «Sólo los chicos más listos van a clase de repaso».)

Piense en su propia infancia

El filósofo George Santayana dijo que quienes no comprenden la historia están condenados a repetirla. Del mismo modo, si no examinamos los fallos de nuestros padres, puede que los cometamos con nuestros hijos. Si observamos que tendemos a ser desdeñosos, sentenciosos o a enfadarnos con nuestro hijo, probemos con el siguiente ejercicio:[11]

- Hagamos una lista de cosas que nuestros padres solían decirnos (hacerla con algún amigo resulta divertido).
- Comprobemos cuáles de ellas les decimos a nuestros hijos.
- Pensemos en cómo nos sentíamos cuando nuestra madre o nuestro padre nos decían esas cosas.
- Tomemos alguna que queramos cambiar. Pensemos en algo que pueda sustituirla, y practiquémosla con el cónyuge o con un amigo.

Seamos positivos

Los psicólogos tienen la desafortunada tendencia a centrarse en los sentimientos negativos, que les dan la oportunidad de solucionar problemas. La consecuencia es que a veces se olvidan de los positivos.

Esto no significa que, a diferencia de la madre de Desmond, no podamos dar nombre a las emociones positivas y compartir la felicidad, el orgullo, la satisfacción y otros sentimientos positivos de nuestro hijo:

DESMOND: ¡Mamá! ¿Sabes qué? Me han elegido para el consejo de alumnos.

MAMÁ: Oh, comprendo que estés contento. No me extraña. Ese discurso que ensayaste era pura dinamita. Debes de estar muy orgulloso.

DESMOND: Pues sí, creo que estoy orgulloso.

MAMÁ: ¿Qué sentiste al saber que habías ganado?

DESMOND: Me puse muy contento. Todos los niños aplaudían, Chris me dio la mano y el profesor dijo: «Felicidades».

MAMÁ (*se ríe feliz*).

11. Basado en un ejercicio del manual del Centro Familiar Mar Vista.

Una tarde, cuando Zach tenía 6 años, le recogí en la escuela a la que iba antes de la UES. «¡Odio la clase de música! —lloraba—. La señorita Shepherd es mala.»

«Pero Zach, si es la primera vez que tienes música —le dije—. La señorita Shepherd es simpática.»

Zach hacía pucheros y se acurrucó en su asiento. Al preguntarle cómo le había ido a su equipo en el campeonato de baloncesto de mediodía, se limitó a gruñir.

Cuando nos mostremos desdeñosos (como yo hice en aquella ocasión) o hayamos estropeado la conexión de alguna otra forma, recordemos que la relación con nuestros hijos se puede reparar. Los niños son muy flexibles. Como a los adultos, les gusta que las personas les escuchen y les comprendan. Si cambiamos de parecer, casi siempre reaccionan de inmediato. (Aquel mismo día, por la noche, pregunté a Zach por qué no le gustaba la profesora de música, y me dijo que ésta había perdido los nervios y les había amenazado con tenerlos diez minutos en silencio si no se estaban quietos. «Oh, ya entiendo por qué no te gusta —dije—. Debió ser terrible cuando se puso furiosa.»)

Pruebe lo siguiente: hágale a su hijo enfadado una pregunta y, cuando responda, escuche con atención. Hágale otra pregunta o dos, de nuevo en tono de apoyo o, como mínimo, neutral. Resérvese cualquier juicio como: «Bueno, es que te dije que no fueras por ahí con esos chicos. No hacen más que buscarse líos». Evite preguntas que evidencien su preocupación: «¿Quieres decir que piensas que vas a catear otro examen de ciencias?». Al día siguiente, siga con ejercicios de reflejo, procurando participar de los sentimientos de su hijo. Deje que se dé cuenta de que es usted quien le escucha con mayor interés y, siempre que es posible, también quien más aprueba su comportamiento y más le quiere.

Una vez que hemos visto que nuestro amor incondicional, nuestro interés por la vida de nuestro hijo y nuestra participación en ella son la base del tipo de relación que favorece su automotivación, pasemos al tercer ingrediente de una relación estrecha: el apoyo a la autonomía de nuestro hijo.

Cuando el profesor de farmacología de la Universidad de California Los Ángeles y ganador del premio Nobel, Louis Ignarro, se iba haciendo mayor, sus padres le compraron seis juegos de química, cada uno de ellos más complejo que el anterior. Su padre también le ayudaba a abastecer de combustible los cohetes que después lanzaban al aire. «Pensaba que a un niño que era capaz de elaborar material para fabricar bombas y combustible para cohetes se le debía permitir que siguiera con sus ensayos químicos», dice Ignarro. Sin embargo, cuando, siendo un adolescente, Ignarro empezó a desmontar coches y a montarlos de nuevo para correr con ellos, su padre se preocupó. De hecho, cuando su hijo

---

Cómo reparó una madre la conexión con su hijo

«Cuando Mark cumplió los 10 años, de repente dejó de hablar conmigo sobre sus amigos y sobre lo que hacían juntos, incluso sobre la escuela y el béisbol», me decía mi amiga Carole. «De pronto me sentí desconectada de él y un poco triste. Estaba preocupada de verdad. ¿Significaba aquello que empezaba a hacer cosas que sabía que yo no aprobaba?»

Un día, en la sala de espera del dentista, cayó en mis manos un artículo de una revista titulado «Comunicarse con los hijos». Decidí probar los consejos que en él se daban: no utilizar los comentarios de Mark como excusa para decirle lo que debía hacer, y dejar de sofocarle el entusiasmo por ir a patinar con el monopatín con sus compinches con todas aquellas recomendaciones angustiadas mías para que no se hiciera daño.

«Mientras le llevaba en coche a la escuela todas las mañanas, empecé a hacerle preguntas intrascendentes, y me limitaba a escuchar lo que respondía. De vez en cuando hacía algún comentario que denotaba cierto interés, por ejemplo: "Debe de haberte desmoralizado mucho". A veces le contaba historias sobre experiencias mías semejantes. ("Sí, una vez tuve una profesora así. Le gustaba un grupo de niños de la clase, y no se preocupaba de los demás.") Costó cierto tiempo, pero poco a poco Mark empezó a confiar en mí otra vez. Al cabo de unas pocas semanas ya me contaba más cosas (no todas, evidentemente) sobre su vida. Hoy tenemos de nuevo una relación cálida y estrecha.»

llevó a casa su primer trofeo conseguido en una carrera de coches, el padre puso mala cara, quejándose de que participar en carreras y arreglar motores era algo muy caro.

Pero un día, después de haber ganado varias carreras, cuando Ignarro llegó a casa de la escuela se encontró con que su padre le había construido una vitrina para los trofeos. «Había cambiado de idea —recuerda el premio Nobel— porque reconocía el talento que yo había desarrollado.»

«Dijo: "Estoy orgulloso de ti, hijo, pero, por favor, no estropees los coches".»[12]

Llevó cierto tiempo, pero al final el padre de Ignarro respetó la forma de ser de su hijo e incluso apoyó una afición que iba en contra de sus principios. De modo parecido, el interés por la vida de nuestro hijo y la participación en ella revelarán en qué sentido se aleja y es distinto de nosotros. Esto nos situará en la mejor posición para ayudarle, como decía la canción de The Mamas and the Papas: «Go where he wants to go, do what he wants to do» [Ve a donde él quiera ir; haz lo que él quiera hacer]». En otras palabras, al apoyar la autonomía de la que hablaba en el capítulo 5, le ayudaremos a encontrar su propio camino y a ser él mismo.

Una vez que comprenda la perspectiva de su hijo, a veces querrá demostrar que la apoya con sus actos. Si no se le ocurre nada, pruebe con palabras que dejen claro que está de su parte, por ejemplo: «¿Te puedo ayudar?». «¿Quieres que haga algo?»

No piense que apoyar la creciente autonomía de su hijo le alejará de él. A medida que se va haciendo mayor, su hijo necesita menos que le ayude a desayunar, y más que le ayude a hacer los deberes; menos ayuda para vendarse la rodilla, y más para decidir el tipo de tacos para las botas de fútbol. La estrecha relación que mantendrá con él le indicará también los cambios que se producen en las necesidades de su hijo, lo cual, a su vez, intensificará su sentimiento de que está usted a su lado y de que sólo piensa en lo que más le convenga.

Cuanto más apoye la autonomía de su hijo, más independiente se hará, pero no por ello se romperá la conexión emocional que les une.

12. Langress (1999), págs. 6-7; Louis Ignarro, entrevista de la autora, 8 de agosto de 2000.

Incluso cuando se haga mayor, se vaya de casa y cuide de sí mismo, esta conexión emocional seguirá existiendo.

Tampoco se preocupe de que su ayuda asfixie a su hijo o le enoje. Esto ocurriría si usted le controlara. Pero si apoya su forma de ser y lo que quiere, aceptará su ayuda como un buen nutriente.[13] Contribuirá a esa relación positiva y segura que necesita para asumir riesgos y seguir aprendiendo lo que más le guste.

Los hijos adoptan nuestros valores

Todos los días, cuando Kara Simon llega a casa de la escuela, se come una manzana y unas galletas, juega con su gato, Tesoro, luego se sienta y hace los deberes. Le guste o no lo que haga, siempre termina su trabajo a tiempo. Su madre nunca tiene que recordarle que empiece a hacerlos ni ha de comprobar que los tiene hechos.

Los deberes de quinto de Kara son muy normales: algunas hojas con problemas de matemáticas, un capítulo del libro de sociales con unas preguntas que hay que responder al final, y treinta minutos de lectura. Una vez a la semana escribe una redacción sobre un tema que decide el profesor, y cada dos meses hace un trabajo sobre algún libro. Si se le pregunta si le gusta la escuela, dice: «¡Oh, sí! Tengo muchos amigos. El profesor es simpático y el trabajo bastante fácil». Si se le pregunta si le gustan los deberes, se queda mirando con una expresión de perplejidad: «Claro que no —probablemente respondería—. Lo que pasa es que hay que hacerlos».

Kara es un ejemplo de alumna automotivada a la que no le gusta necesariamente aprender, al menos el tipo de aprendizaje que realiza en la escuela. Es aplicada y está contenta, muy contenta, quizá, y es feliz. No hay duda de que muchos padres aceptarían de buen grado tener una hija tan aplicada en sus estudios.

No es realista esperar que a los niños les gusten las tareas aburridas y repetitivas que a veces tienen que realizar en la escuela. Pero como dice Kara, hay que hacerlas para triunfar. Uno de los beneficios de una

---

13. Ryan y Solky (1996), pág. 265.

relación positiva con nuestro hijo es que ayuda a convencerle de que debe ser aplicado y responsable y que es importante sacar buenas notas, para que así quiera hacer los deberes, aunque sean aburridos.

Como Kara, todos tenemos unos valores que nos predisponen a hacer cosas que no nos gustan de modo especial. Por ejemplo, quizá leamos el periódico todos los días porque pensamos que tenemos la responsabilidad de estar informados como ciudadanos que somos. Tal vez estudiamos un idioma extranjero porque valoramos el hecho de relacionarnos con personas de otros países en su propia lengua. Son actividades que tienen una utilidad práctica, pero que también reflejan nuestros valores, aquello que pensamos que se necesita para ser una buena persona.

Del mismo modo, valorar la educación y estudiar no son actitudes innatas; como no lo son los valores del trabajo y la responsabilidad. Los niños han de aprender estos valores de sus padres y de otras personas importantes de sus vidas, un proceso al que los psicólogos llaman la «interiorización».

El proceso de interiorización es necesario para todo estudiante automotivado, porque si en casa podemos hacer que el hecho de estudiar resulte divertido, poco control tenemos sobre el trabajo que nuestro hijo debe realizar en la escuela. Muchos colegios mandan a sus alumnos una gran cantidad de trabajo aburrido, y hasta los mejores profesores a veces ponen tareas tediosas. A su hijo le ayudará saber que es competente y que puede hacer bien las cosas, pero para realizar un trabajo que no resulta atractivo necesita también interiorizar nuestra convicción de que el trabajo escolar es de suma importancia y que vale la pena hacerlo, sea cual sea. *Todos* los alumnos deben haber adoptado estos valores como propios, para que les motiven al menos en ciertos momentos.

Aunque nuestro objetivo sea que a nuestro hijo le encante aprender, no es poca cosa que estudie «porque esto es lo que se supone que hay que hacer». Muchos buenos alumnos basan sus esfuerzos principalmente en el valor interiorizado de hacer las cosas bien en la escuela. Quizá sea una motivación insuficiente para estudiar por el puro placer de hacerlo, pero dado que los valores están en el interior de nuestro hijo, éste experimenta un sentimiento de autonomía, de hacer algo porque *él* quiere y no porque alguien se lo ordene.

Los padres empiezan a transmitir el valor del aprendizaje muy pronto, cuando elogian o premian el esfuerzo de su hijo. Por ejemplo, cuando Kara era pequeña, sus padres le aplaudían si ayudaba a poner la mesa o se esforzaba en hacer algún dibujo o algún rompecabezas. Aprendió a prever las reacciones de sus padres y solía mirarles expectante, aguardando la sonrisa de su madre o el comentario de su padre cuando concluía algo que estuviera haciendo. Sus padres no se prodigaban en premios (un peligro del que me ocuparé en el capítulo 9), sino que empleaban el premio afectivo más pequeño, la mayoría de las veces en forma de elogio.

Los Simon también demostraban con su ejemplo el valor que otorgaban al trabajo y el esfuerzo. Cuando Emily Simon emplea una hora en las cuentas familiares en la mesa de la cocina, anuncia con orgullo que se han pagado todas las facturas y que ha hecho balance. Una noche cualquiera, durante la cena, su marido, Raphael, dice que probablemente se acostará tarde para preparar la reunión del día siguiente, y pide cambiar su parte en las tareas de limpieza de esa noche por el doble la noche siguiente. Poco a poco, Kara desarrolló el modelo interior del trabajo disciplinado de sus padres, y como éstos tienen una muy buena relación con Kara, y ella les quiere, desea ser como ellos.

Al principio, siempre que lograba algo Kara tenía en su mente la imagen de sus padres elogiándole. Cuando era pequeña, solía imitar en voz alta la previsible reacción de sus padres, a veces en sus juegos con sus animales de peluche: «Buena chica, has guardado los juguetes», decían; o «Esto está muy bien, has puesto mucho interés en este dibujo». Poco a poco la aprobación (o desaprobación) de sus padres se fue implantando con tanta fuerza en el pensamiento de la niña que ya ni siquiera sabía de dónde procedía. El orgullo que sentía por esforzarse en el trabajo, o la culpa por holgazanear se convirtieron en unos sentimientos propios, porque los valores de sus padres ya eran también sus valores. Cuando fue a la escuela, fue una alumna aplicada, porque había adoptado la creencia de sus padres en la importancia del trabajo, la responsabilidad y el aprendizaje.

Analicemos cómo transmiten los padres su creencia en la importancia de la educación a sus hijos. En primer lugar, nos fijaremos en el intento sincero pero equivocado de un padre para convencer a su hijo de que haga sus tareas escolares.

Josh llega a casa de la escuela y conecta el televisor. Dos horas después, cuando su padre llega a casa del trabajo, Josh sigue tumbado en el sofá, viendo unas comedias que ya ha visto cientos de veces.

«Por lo que veo, ya has terminado los deberes», dice su padre con ironía. Josh no le hace caso.

«Josh, tu madre y yo te hemos dicho que te íbamos a sacar del equipo de baloncesto si no mejorabas las notas —dice su padre, exasperado—. ¡Vamos, muévete!»

Josh se levanta malhumorado, sin mirar a su padre, y se va por la puerta trasera a su escondite preferido, una casa en el árbol del fondo del jardín.

El padre de Josh intenta que éste adopte sus valores, y para eso le presiona y le amenaza con el castigo. Pero los estudios demuestran que presionar a los hijos para que adopten los valores de los padres normalmente no funciona (como cabía esperar después de lo que hemos visto sobre la autonomía en el capítulo 5).

«Uno de los descubrimientos notables de muchas investigaciones sobre la interiorización es que parece mucho más probable que los niños [...] interioricen los valores y las conductas sociales (es decir, que los asimilen como propios) [...] cuanto menor sea la presión externa», escriben la psicóloga Wendy Grolnick y dos colegas.[14]

COMUNICAR DIRECTAMENTE NUESTROS VALORES

La presión consiste en premiar al hijo o en amenazarle con un castigo para que haga lo que valoramos. Pero si nos limitamos a decirle cuáles son nuestros ideales, es libre de adoptarlos o no. Por consiguiente, decirle a nuestro hijo qué es lo que valoramos puede tener mucha

14. Grolnick, Deci y Ryan (1997).

importancia. Esto es lo que hizo Carol Jago, una profesora de lengua del Instituto de Santa Mónica, cuando el equipo de fútbol de su hijo jugaba un torneo que empezó un viernes de octubre por la mañana. En realidad, comunicaba su valores a toda la comunidad en su columna semanal de *Los Angeles Times*. No sólo no permitió que su hijo James (que juega en el equipo del Estado) faltara un solo día a la escuela, sino que le explicó exactamente por qué. «Primero es la escuela —le dijo—. Los estudios son los cimientos en los que se asienta tu futuro.»[15] (Jago prohibió o «presionó» a James al no permitirle faltar a clase, pero no insistió en que adoptara su razonamiento.)

De modo parecido, podemos decir clara y llanamente a nuestro hijo que es importante que se esfuerce y trabaje mucho en la escuela. Señalarle las ventajas que poseen las personas que lo hacen, y hablarle de los problemas que tienen personas que conocemos y que no pudieron ir a la escuela, no se aplicaron o abandonaron los estudios. Hay que darle razones que a su edad pueda entender. Cuanto más próximas a su experiencia, mejor.

- «Tus abuelos eran inmigrantes y no pudieron terminar unos estudios, porque tuvieron que trabajar para ayudar a su familia. Estaban muy orgullosos de que todos sus nietos consiguieran su título universitario. Ir a la universidad ha significado que podamos vivir mejor de lo que ellos lo hicieron.»
- «Ya sé que hoy quieres ir a dormir a casa de Susie, pero mañana hay colegio. Ya hemos hablado de lo importante que es concentrarse en la escuela, y no podrás hacerlo si no duermes bien por la noche.»
- «Es muy importante saber escribir bien. Si no sabes comunicar tus ideas con claridad a los demás, apenas merece la pena tenerlas.»
- «Si te esfuerzas, tu profesor te respetará, como lo harán los demás niños, aunque no lo digan.»

15. Carol Jago, entrevista de la autora, 15 de agosto de 2000.

Los niños no sólo asimilan lo que les decimos directamente. Con la misma fuerza les influye lo que sutilmente les transmitimos.

Observemos el mensaje implícito en la reacción de los padres de Greg cuando éste les dijo durante la cena que le había ido muy bien con aquel trabajo sobre un libro en el que tanto se había esforzado: «Esto está muy bien, Greg», le dice su madre mientras se espolvorea queso sobre sus espaguetis.

Luego, Greg dice que ha conseguido diez puntos en el partido de baloncesto de mediodía. Su padre le felicita sonriente con un apretón de manos.

«¡Así se hace, hijo! —alardea el padre entusiasmado—. ¿Han sido puntos de tres o ganchos? ¿Habéis ganado? ¿Cómo te va el tiro libre? ¿Cuándo empieza el campeonato?»

¿Cuál es el mensaje que los padres de Greg le transmiten sin darse cuenta? Que los estudios son importantes, pero que la *auténtica* forma de conseguir su aprobación es mediante el baloncesto.

Comparémoslo con el mensaje indirecto que mandaba el padre de mi amiga Dorothy, en este fragmento de su ensayo:

> Me crié en San Francisco, donde, igual que muchos niños chinos, tenía dos cosas en la mente: la escuela y complacer a mis padres. Como la mejor forma de complacer a mis padres era sacando muy buenas notas, no pensaba en otra cosa más que en ser la mejor en todos los aspectos de mis estudios.
>
> La gente se pregunta con envidia y a veces con cierto resentimiento racista por qué los niños asiáticos van tan bien en la escuela: «¿Qué tienen estos niños?», piensan.
>
> Sé que para muchos niños chinos la escuela es como una religión. Para nosotros era objeto de fe. Cuanto más creías en ella, más te recompensaba; una fuente eterna de esperanza y redención. Exigía unos rituales tan estrictos y elaborados como los de cualquier Iglesia. Se nos enseñaba que siempre había que estudiar sentados, erguidos, frente a un pupitre. En la habitación debía reinar el silencio de una biblioteca, y era impensable cualquier tipo de música de fondo. (Hasta que no llegué a la universidad no dejé de cumplir todas estas normas a la vez, ponerme a estudiar tumba-

da en la cama con la radio encendida, a veces engullendo pizza y Coca-Cola.)

Recuerdo que mi padre nos compraba los pupitres, una tarea tan delicada y a la vez tan monumental que tenía que llevarnos con él para que con nuestros pequeños cuerpos simuláramos la acción de escribir y leer, y así poder ver si eran los más cómodos y adecuados. Las mesas que compraba eran pequeñas, con espacio para un libro, un cuaderno y nuestros pequeños codos; eso era todo. Mi padre las equipaba con una lámpara, cuya intensidad de luz ajustaba perfectamente. Se nos enseñaba a mantener nuestros pupitres despejados, para que centráramos la vista y la atención únicamente en el material que había sobre ellos, con lo que se le otorgaba una importancia sin par; todo lo demás había que guardarlo en los cajones. Cuando todo estaba así dispuesto, estábamos preparados para empezar a estudiar. Creo que la compra de nuestros pequeños pupitres era una de las cosas más gratificantes que mi padre pensaba que había hecho como padre, una tarea que para él ejemplificaba el grado más alto de la paternidad.[16]

Aunque los padres de Dorothy pocas veces decían directamente: «Aprender es importante», sus actos produjeron un enorme efecto: dos de sus hijas son profesoras universitarias y la tercera, ingeniera.

Las siguientes son otras formas posibles de transmitir sus valores de forma indirecta a su hijo:

- Compre material escolar con gusto, en la medida que se lo permita su presupuesto. No se queje del tiempo ni del dinero que le cueste adquirirlo, aunque sea verdad. No queremos que nuestro hijo se sienta culpable de agravar la economía familiar. Si no se puede permitir adquirir el material escolar, hable con el profesor de su hijo o con la asistenta social. Muchas escuelas disponen de material extra para algún alumno necesitado.
- Dé carácter prioritario al trabajo escolar: «Hoy no podemos ir a ver a la abuela porque te distraería de los deberes. Ya iremos el sábado». «Regresaremos del campo el domingo por la mañana para que tengas tiempo de prepararte para la escuela.»

16. Chin (1999).

148

- Sea consecuente y haga muy pocas excepciones a las normas, para reflejar así sus valores. No lleve a su hijo a actos religiosos o sociales ni al cine por la noche si no ha terminado los deberes y le quedan las suficientes horas de sueño para estar despejado en la escuela al día siguiente.
- Respete el trabajo escolar de su hijo, incluso cuando desearía que le acompañara. «Me gustaría que vinieras conmigo al partido de Jennifer, pero si tienes deberes, lo comprendo. Ya iremos juntos la próxima vez.»

Éstos son algunos comentarios que indirectamente transmiten valores:

- «Cariño, no molestes ahora a tu hermana. Está haciendo los deberes».
- «Cuando nos mudemos de casa, trataremos de irnos a vivir a Springfield, porque allí las escuelas son muy buenas.»
- «Esta mañana te he preparado un desayuno sano para que puedas concentrarte en tus deberes.»

DEMUESTRE SUS VALORES

Lo que haga influye en los valores de su hijo con la misma fuerza que lo que diga. Como en el caso de los padres de Kara, sea ejemplo de sus valores cuando en casa redacte algún informe o haga trabajo de voluntario. No se queje ni proteste, no deje las cosas para más tarde, no las acabe fuera de tiempo ni las haga mal. Si usted lo hace, está permitiendo que su hijo también lo haga.

Aprender juntos es también un buen mensaje. Asistan a clases de piano, léanse mutuamente las historietas y otras partes del periódico, o vean juntos las noticias de la televisión.

¿Recuerda al padre de Josh? No empezó muy bien, pero después de que un amigo le hiciera varias sugerencias, la siguiente vez que encontró a Josh viendo la televisión después del colegio, le dijo:

Josh, ya sé que te cuesta mucho hacer los deberes. Recuerdo lo que me costaban a mí cuando tenía tu edad. Mira, tengo unos papeles que revisar

149

> **¿Y si no tenemos tiempo para preparar las magdalenas para el mercadillo de la asociación de padres y profesores?**
>
> La advertencia cada vez más frecuente: «Los padres deben implicarse más en las escuelas de sus hijos» produce un sentimiento de culpa en muchas madres y padres que tienen unos programas inflexibles. Sí, dedicar tiempo a la escuela es una de las muchas formas de dar a entender a nuestro hijo cuánto valoramos la educación. Si puede sacar algunas horas de su trabajo para ofrecerse voluntario para las clases de la guardería de su hijo, para acompañarles a alguna excursión o para asistir a la reunión de la asociación de padres y profesores, ¡eso es estupendo!
>
> Pero si no tiene tiempo para estas actividades, sí lo puede tener para asistir a las reuniones con el profesor, a las tardes de puertas abiertas o de regreso a la escuela, y a otros programas de la escuela de su hijo. Lea el boletín del centro, procure conocer a los compañeros de clase de su hijo y hable con sus padres. No es necesario que dedique muchísimo tiempo a la escuela de su hijo para conocerle y saber cómo vive en la escuela, ni para demostrarle la importancia que tiene la educación para usted.

esta noche. Vamos a trabajar juntos a la mesa del comedor. Si terminamos nuestro trabajo, quizá lleguemos a la segunda parte del fútbol de los lunes por la noche.

Esta segunda vez, el padre de Josh se puso de modelo de la conducta deseada, invitó al niño a que se le uniera e incluso favoreció un poco la intimidad entre ellos al ofrecerle «un buen rato» viendo juntos el fútbol.

UNA RECOMPENSA POTENCIALMENTE MAYOR

El trabajo escolar que los niños hacen porque «deben» se puede convertir en algo con lo que realmente disfruten, porque los valores pueden «arrancar» el esfuerzo académico del mismo modo que lo pueden hacer los premios. A medida que pasa el tiempo y que gana confianza en sí mismo, su hijo, que hasta ahora no es más que un niño aplicado, puede descubrir un interés y empezar a disfrutar con parte de lo que haga en la escuela. Así, por ejemplo, si al principio la cultura maya parecía algo demasiado remoto para despertar el interés de su hija, puede convertirse en algo fascinante cuando se ponga a hacer su trabajo de sociales. O quizá su hijo empiece los deberes de matemáticas sencillamente para acabar cuanto antes, pero se enfrasque tanto en los problemas que se olvide de su programa de televisión favorito. El camino hacia el gusto por aprender puede ser largo o corto; por consiguiente, no subestimemos el papel que en este viaje desempeña la conducta aplicada y sencilla de todos los días.

Una vez que hemos hablado de los tres principales ingredientes del amor por aprender —la competencia, la autonomía y la relación—, veremos algunas ideas que pueden avivar el deseo de aprender de nuestro hijo, o apagarlo completamente. La primera se refiere a la idea que tenemos de inteligencia. ¿El coeficiente intelectual es algo innato, o si se trabaja con empeño se puede aumentar la inteligencia? En el siguiente capítulo responderemos a esta pregunta fundamental.

7

Nuestro hijo puede «hacerse listo» si se esfuerza

En 1957, la señora Wilson, profesora de la psicóloga Carol Dweck, que entonces estaba en sexto, estaba convencida de que la inteligencia de los niños lo decía todo sobre ellos. Sentaba a sus alumnos siguiendo el orden de su coeficiente intelectual, que escribía en grandes números de color negro junto a su nombre en el libro de matrícula, y también según él asignaba las tareas más codiciadas, como la de sacudir el borrador o llevar la bandera en la reunión de profesores y alumnos al inicio de la jornada escolar.

El singular régimen de la señora Wilson producía una gran ansiedad en sus alumnos. Aunque la clase de Dweck estaba entre las primeras de sexto, los alumnos con un baja puntuación en el test de coeficiente intelectual se sentían inferiores. Les preocupaba que si cometían errores se pondría en evidencia lo tontos que eran, por eso evitaban los trabajos difíciles. También los niños con un coeficiente intelectual relativamente alto se encontraban incómodos. ¿Y si en el próximo test las cosas no les fueran bien y la profesora se diera cuenta de que en realidad *no* eran listos?[1]

Por inverosímil que pueda parecer, la historia es verídica. Y aunque es un caso extremo, ilustra el convencimiento de algunos profesores, y de algunos padres también, de que los niños nacen con una capacidad intelectual diferente.

1. Dweck (1999).

153

¿Se nace listo o se hace uno listo?

Quizá no sea una casualidad que Dweck, hoy profesora de la Universidad de Columbia, haya dedicado su carrera profesional a estudiar cómo afectan las ideas sobre su inteligencia a la motivación y los logros de los alumnos. Junto con otros investigadores, ha descubierto que pensar que la inteligencia es algo fijo e innato puede perjudicar la motivación interna para aprender del alumno. En cambio, definir la inteligencia como una cualidad que puede aumentar con el esfuerzo fomenta el gusto del alumno por el aprendizaje.

Probablemente, en un momento u otro habrá usted pensado en la relativa importancia de la capacidad y el esfuerzo innatos. ¿Los genios nacen o se hacen? ¿Es el talento el que hace que la voz de la soprano pueda llegar tan alto, que el contable calcule con tanta rapidez y de memoria, y que el jugador consiga una canasta de tres puntos con tanta facilidad? ¿O la diferencia está en la experiencia y el esfuerzo previos a tan magníficos rendimientos?

Son preguntas fascinantes, y existen pruebas en ambos sentidos. Pero en lo que al aprendizaje de los niños se refiere, la respuesta es que aquellos que creen que se pueden «hacer listos» si trabajan con tesón son propensos a perseverar hasta que aprenden lo que se les propone o dominan una destreza, más que los niños que piensan que hay que «nacer listo». Los estudiantes que piensan que con esfuerzo uno puede llegar a ser más listo tienden a aceptar los desafíos, a pensar que los errores forman parte consustancial del aprendizaje, y a reponerse del fracaso con nuevas estrategias. Y son mucho más proclives a disfrutar del aprendizaje.

Por otro lado, los niños que creen que la inteligencia es algo inamovible piensan que no se puede hacer nada para ser más inteligente. No tienen motivo para esforzarse más en su trabajo, ni para perseverar cuando se les pone difícil. No se puede objetar su razonamiento. Si uno cree que no posee la capacidad para triunfar, y que no puede hacer nada respecto a sus capacidades, ¿por qué insistir?

**Detrás del oropel del talento, hay que buscar el esfuerzo
y la experiencia**

Hace poco, mi amiga Leonia escribió sobre su viaje a su Polonia natal. Me quedé atónita ante una historia tan bien contada, sencilla en apariencia, pero con un profundo efecto emocional. «¿Dónde consiguió tanto talento?», me preguntaba, pensando en las horas de esfuerzo que yo había dedicado a la redacción. «En ella es algo natural», me decía otra amiga.

Un día le pregunté a Leonia, que es psicoterapeuta, cómo había conseguido tanta habilidad para contar historias. Esperaba que me dijera, sin darle importancia: «Pues no lo sé. Sencillamente soy así». Me dijo, por el contrario, que había hecho su tesis doctoral sobre cuentos populares y que llevaba años en un grupo de escritores, con los que se reúne para escuchar y contar cuentos todas las semanas. Me percaté también de que, como terapeuta, estudia las emociones todos los días. Y me confesó que había trabajado mucho su historia, revisándola una y otra vez, hasta que le pareció que estaba bien.

Es posible que Leonia poseyera el don innato de la narración, pero es evidente que ha afinado sus destrezas con mucho esfuerzo.

La «incapacidad aprendida»: el problema de insistir en la capacidad innata

Los estudios sobre la inteligencia «innata» y «adquirida» empezaron en 1964, cuando un joven licenciado llamado Martin Seligman llegó al laboratorio de psicología de la Universidad de Pennsylvania y lo encontró en plena ebullición. Para investigar el efecto del miedo en la conducta, los investigadores habían puesto unos perros en unas cámaras y les aplicaban descargas eléctricas. Algunos perros no tenían escapatoria, pero otros podían huir hacia el otro lado de la cámara. Luego, se ponía a todos los perros en cámaras donde podían evitar las descargas. Sin embargo, los perros que antes no podían escapar de las descargas no se comportaban como se esperaba. En vez de huir hacia el otro lado de la cámara, se quedaban inmóviles, soportando la descarga. Los investigadores, atónitos, suspendieron el estudio.

Pero a Seligman le fascinó la pasividad de los perros. Quizás el hecho de no poder controlar la descarga en la primera cámara, pensaba, les había enseñado que intentar evitarlas, incluso cuando podían hacerlo, sería inútil. En otras palabras, los perros habían aprendido a ser incapaces.[2] A Carol Dweck, entonces estudiante de psicología en Yale, le intrigaba la historia de los perros pasivos. Se había estado preguntando por qué algunos niños perfectamente competentes rehuían los desafíos y se retraían al menor signo de fracaso. ¿Se debía quizá a la «incapacidad aprendida»?

Dweck puso en marcha una serie de experimentos para comprobar su presentimiento de que los alumnos actúan guiados por la convicción de ser incapaces si creen que el éxito escolar está fuera de su alcance. En un experimento, por ejemplo, ella y su colega pasaron a 94 alumnos de quinto un cuestionario para determinar si pensaban que el esfuerzo (que ellos podían controlar) o bien circunstancias cuyo control se les escapaba (como la suerte o la capacidad) eran el principal factor del éxito escolar. Aunque sus aptitudes académicas eran más o menos iguales, algunos de los alumnos, a los que llamaron «incapaces», pensaban que tenían poco control sobre la posibilidad de triunfar o fracasar, mientras que otros destacaban el papel del esfuerzo personal.

Luego, las investigadoras dieron a los niños un texto para que lo leyeran, al que seguían siete preguntas de comprensión. Si se dejaban alguna pregunta, se les daba una reseña del texto y se les hacía una segunda prueba. Sin embargo, las reseñas contenían una «pista falsa»; hacia el principio había un párrafo irrelevante, perfectamente redactado en la mitad de las reseñas, pero hecho toda una jerigonza en las demás. Las investigadoras querían saber cómo afectaba a los niños esa confusión.

El párrafo irrelevante pero claro afectaba por igual tanto a los alumnos «incapaces» como a los del «esfuerzo personal»; dos tercios de cada grupo respondieron las siete preguntas correctamente esta vez. Pero la jerigonza afectaba de forma muy distinta a los dos grupos de alumnos. El 72 % de los niños del «esfuerzo personal» acertaron las siete preguntas, frente a únicamente el 35 % de los «incapaces». El fracaso

2. Seligman (1995), págs. 2-3.

en descifrar aquella jerga había llevado aparentemente a la mayoría de los alumnos incapaces a dudar de sí mismos, de tal forma que no podían recuperar el proceso de aprendizaje.[3]

En un segundo estudio, Dweck comprobó directamente los efectos que produce lo que piensan los niños en su inteligencia. En primer lugar, ella y sus colegas pasaron un cuestionario a 229 alumnos para averiguar si pensaban que las personas «nacen listas». Se les preguntaba en qué grado estaban de acuerdo o en desacuerdo con afirmaciones como éstas:

- «Uno tiene una inteligencia determinada y poco puede hacer para cambiarla».
- «Uno puede aprender cosas nuevas, pero no puede cambiar de verdad su inteligencia básica.»
- «Uno no puede cambiar mucho la inteligencia que posee.»

A continuación, las investigadoras compararon las notas que habían sacado en sexto y séptimo los alumnos que habían puntuado alto este aspecto de la creencia en la inteligencia «innata» con las de quienes lo habían puntuado bajo. Las notas de quienes creían en la inteligencia «innata» (aquellos niños que estaban de acuerdo con las afirmaciones del cuestionario) permanecían bajas o disminuían, mientras que las de quienes creían en la inteligencia «adquirida» (los que mayoritariamente se mostraban en desacuerdo con las afirmaciones) seguían siendo altas o mejoraban de sexto a séptimo curso.[4] Muchos de los que en sexto habían tenido buenas notas y que pensaban que la inteligencia es inamovible, habían empeorado en séptimo.

Para hacerse una idea de qué sentían los niños con las dos opiniones opuestas sobre la inteligencia, las investigadoras animaron a un grupo de alumnos de quinto y sexto a que hablaran en voz alta mientras trabajaban con problemas difíciles. Los de la inteligencia «innata» se quejaban de su capacidad, hacían afirmaciones irrelevantes y se sentían aburridos e incapaces. Decían cosas como éstas:

3. Licht y Dweck (1984).
4. Henderson y Dweck (1990).

«Nunca he tenido una memoria buena de verdad».

«Por cierto, pronto voy a heredar un dinero.»

«Este fin de semana hay un concurso de niños prodigio y yo voy a representar a Shirley Temple.»

«Me aburro.»

Sin embargo, los niños que creían en la posibilidad de hacerse listos se daban instrucciones, se concentraban en cómo evitar los errores y se sentían contentos y optimistas. Decían, por ejemplo:

«Tengo que ir más despacio e intentar encontrar la solución».

«Me gustan los retos.»

«Ya casi lo tengo.»

Dweck y las otras investigadoras han demostrado fehacientemente el gran valor que tiene pensar que se puede aumentar la inteligencia, que *cualquiera* puede hacerse listo y conseguir el éxito si lo intenta. Cuando los niños que piensan así se encuentran con dificultades, no presumen que se debe a que son incapaces por alguna razón inmutable. Piensan que han de probar otra estrategia o dedicarle un poco más de tiempo, o quizá que carecen de alguna habilidad necesaria. Y así, cuando se encuentran sin salida, en vez de abandonar, perseveran y tratan de darle la vuelta a las cosas hasta alcanzar la solución.

Evitar la incapacidad: educar a un niño de inteligencia «adquirida»

Los estudios demuestran que se pueden cambiar las ideas del niño que piensa que uno ha de «nacer listo». Dweck mostró cómo hacerlo cuando trabajaba con un grupo de niños de entre 8 y 13 años que tenían muy arraigada esa idea. Durante un mes, todos los días les daba quince series de problemas de matemáticas, que debían acabar en un tiempo determinado. A la mitad de los niños les amañaba las sesiones de forma que *siempre* lo hicieran bien. Para la otra mitad, sin embargo, se disponían las cosas para que se equivocaran dos o tres veces en cada quince intentos. Siempre que se equivocaban, Dweck les decía que era porque no se habían «esforzado lo suficiente».

Transcurrido el mes, los niños que siempre lo hacían bien (que, si no ha leído usted el capítulo 4, quizá piense que tendrían una gran confianza en sí mismos) no habían mejorado su capacidad para resolver problemas de matemáticas. En cambio, los que se habían equivocado varias veces y a los que se les había enseñado a atribuir sus errores a su falta de esfuerzo, ahora ponían más empeño y buscaban nuevas estrategias cada vez que erraban. El resultado fue que aumentaron el número de problemas por minuto que podían solucionar correctamente.

Más interesante fue aún que sus profesores (que desconocían en qué grupo había estado cada uno de los niños) dijeron a Dweck que aquellos a quienes se había enseñado a culpar de sus errores a la falta de esfuerzo habían mejorado notablemente su rendimiento en clase. Ahora eran más perseverantes, ¡y algunos pedían que les dieran más trabajo![5]

La técnica de Dweck es una de las muchas que podrá utilizar para convencer a su hijo de que puede hacerse más listo si se esfuerza y persevera. Para empezar a tratar este tema, comparemos los métodos de dos padres que se enfrentan al problema de un hijo retraído por su creencia en la inteligencia innata.

BUENAS Y MALAS FORMAS DE ABORDAR LA CONVICCIÓN DE QUE UNO NACE INTELIGENTE

> BRANDON: No sé hacer estos problemas de matemáticas.
> PAPÁ: Pero cariño, ¡si eres tan listo! Sé que puedes hacerlo.
> BRANDON: No soy tan listo como Timmy. En matemáticas es un hacha. Estos problemas los hizo en el autobús.
> PAPÁ: Tú eres tan listo como Timmy. No dejes que te intimide. No me importa que su madre sea una gran cirujana. Recuerda que tu abuelo fue alcalde de Springfield, y que tu tía escribió un libro sobre

5. Dweck (1975).

cerámica japonesa. Todos los de nuestra familia han sido siempre muy listos.

AMY: Mamá, no sé hacer estos problemas de matemáticas.

MAMÁ: ¿Por qué? ¿Qué te ocurre?

AMY: No lo sé. No los sé hacer. No se me dan bien las matemáticas.

MAMÁ: ¿Cuánto rato llevas intentándolo?

AMY: Desde que terminamos de cenar.

MAMÁ: No es mucho.

AMY: No sé hacerlos.

MAMÁ: Piensa en otra forma de resolverlos, una estrategia distinta a la que has estado utilizando.

AMY: He probado de todas las maneras que sé.

MAMÁ: ¿Por qué no repasas los ejemplos del libro? A lo mejor hay problemas parecidos y te dan alguna idea si ves cómo están solucionados.

La madre de Amy sugiere emplear una estrategia, con lo que implícitamente ha dicho que piensa que su hija sabría cómo resolver los problemas si les dedicara un poco más de tiempo y probara un método distinto. El padre de Brandon, por el contrario, ha reforzado la idea de éste de que para resolver problemas de matemáticas difíciles se requiere una inteligencia innata.

FAVORECER LA CREENCIA EN LA INTELIGENCIA ADQUIRIDA, MÁS QUE EN LA INNATA

Otras formas de fomentar en nuestro hijo la idea de que el esfuerzo y la perseverancia conducen a la competencia son las siguientes:

Enviar mensajes de inteligencia adquirida

Insista en la idea de inteligencia flexible. Dígale a su hijo, de todas las formas que pueda, que la capacidad mental es algo que se adquiere. Haga suyos y de su familia los siguientes lemas (u otros apropiados a la edad correspondiente):

- El éxito es un 1 % de inspiración y un 99 % de trabajo.
- Los genios se hacen, no nacen.

Evite hablar de coeficientes intelectuales, de niños dotados o deficientes, o de cualquier otra idea de inteligencia inamovible, por ejemplo:

- «Tu tía no es muy brillante, pero es cariñosa».
- «Johnny Moyer es un auténtico genio. En realidad lo es toda la familia.»
- «Tu amigo es simpático. ¿Es listo? ¿En qué grupo de lectura está?»
- «Debes de haber heredado la inteligencia de tu tío Harry; seguro que no la de tu padre ni la mía.»

Insista en el esfuerzo como camino hacia la competencia:

- «Si sigues haciendo estos juegos de matemáticas, pronto sabrás más que el profesor».
- «Realmente te has esforzado con la ortografía. Antes de que te des cuenta estarás hecho un as.»

Fomentar y elogiar la perseverancia

- «Me impresiona tu determinación. No te rendirás hasta que encuentres la solución, ¿verdad?»
- «Sé que sabrás hacerlo si sigues intentándolo.»
- «Si en ciencias eres tan perseverante como en sociales, aprenderás mucho y te irán bien.»

Si a su hijo no le va muy bien en la escuela, elógiele *cualquier* demostración de esfuerzo, aunque no se traduzca en un éxito. Anímele por el solo hecho de que empiece a hacer los deberes. Si le es difícil terminarlos, prométale una chocolatina y dígale algo cariñoso: «Trabajas tanto que pensé que te merecías un capricho». Su mensaje es claro: es importante intentarlo.

No deje que los malos resultados le impidan elogiar el esfuerzo. Si su hijo ni siquiera consigue una mención de honor en el certamen de ciencias, dígale lo orgulloso que se siente de su trabajo y refiérase a lo que ha aprendido.

Señalar modelos de inteligencia adquirida

Comparta información sobre el músico o el autor preferido de su hijo. Averigüe, por ejemplo, cuántos años tocó un instrumento antes de grabar su primer disco, o cuántos libros escribió antes de publicar uno.

Cuéntele a su hijo historias de personas que consiguieron grandes éxitos gracias a esfuerzos heroicos. Cuando vean la televisión, una película o una obra de teatro juntos, señale el papel que la perseverancia y el esfuerzo desempeñan en el éxito de los personajes.

Si su hijo es pequeño, léale cuentos en que se destaque el esfuerzo y la perseverancia, como la fábula de Esopo sobre la tortuga y la liebre. Si es mayor, léale las historias de Marie Curie, de Abraham Lincoln y de otras personas que con su esfuerzo alcanzaron grandes cosas.

Insista en la importancia que el esfuerzo y la constancia han tenido para usted:

- «Escribo a máquina deprisa porque llevo practicando desde que tenía 12 años».
- «Me dieron ese ascenso gracias a todos los cursos que hice por las tardes.»
- «Me ha llevado todo el fin de semana hacer la declaración de la renta, pero ha merecido la pena. Me siento como si de verdad hubiera hecho algo importante.»
- «No he progresado en mi trabajo por casualidad. Llevaba cinco años intentándolo.»

Por qué puede ser difícil convencer a nuestros hijos de que se pueden «hacer más listos»

Jim Stigler, psicólogo de la Universidad de California Los Ángeles, quiso comparar la perseverancia de alumnos de educación primaria estadounidenses y japoneses, y para ello dio los mismos problemas de matemáticas irresolubles a niños de la misma edad de ambas nacionalidades. La mayoría de los estadounidenses intentaron resolverlos brevemente y luego abandonaron. Los japoneses, por el contrario, siguieron intentándolo, una y otra vez. De hecho, recuerda Stigler que siguieron intentándolo durante tanto tiempo que se sintió muy incómodo. «Es inhumano —pensó—. Tengo que hacer que lo dejen. Si no, no pararán nunca.» Así que detuvo el experimento, que había ilustrado con demasiada claridad la existencia de una diferencia cultural. «Los niños japoneses daban por supuesto que si seguían intentándolo, al final lo sacarían», dice Stigler. «Los norteamericanos pensaban: "Lo sacas o no lo sacas".»[6]

Si cuando intenta convencer a su hijo de que el esfuerzo y la perseverancia son más importantes que la capacidad innata tiene la sensación de nadar contra corriente, tal vez le ayude recordar que en nuestra cultura se tiende a ensalzar, si no adorar, el talento innato.

No hay duda de que en Estados Unidos se honra el trabajo duro, como lo ilustran las historias de nuestro Horatio Alger y muchos libros infantiles (aunque la suerte fue también esencial en el éxito de todo pequeño héroe Alger).[7] Muchos padres norteamericanos, cuando les dicen a sus hijos: «Puedes llegar a ser lo que quieras», implícitamente les indican que la clave está en el esfuerzo. Pero muchas veces esta tendencia a adorar el talento innato eclipsa nuestra fe en el esfuerzo y el tesón.

Jim Stigler desveló la existencia de diferencias culturales cuando preguntó a alumnos de quinto de tres países si estaban de acuerdo con esta afirmación: «Los exámenes que haces pueden demostrar si tienes mucha o poca capacidad natural». Los niños de Taiwan no estaban de acuerdo, los japoneses mostraron su desacuerdo enérgicamente, en cambio los estadounidenses sí estuvieron de acuerdo.[8]

La veneración por el trabajo tiene unas profundas raíces en las culturas japonesa y china. La filosofía confucionista insiste en la mejora de uno mismo, y a los niños chinos se les suele contar el cuento del

6. James Stigler, entrevista de la autora, h. 1993.
7. Lyman (1999).
8. Stevenson y Stigler (1992).

poeta Li Po de la mujer tan perseverante que consiguió pulir un trozo de hierro hasta convertirlo en una aguja. Otro cuento famoso habla de un anciano y sus hijos que removieron dos montañas con una azada (aunque también intervino Dios en su ayuda).

Cuando un estadounidense no sabe solucionar un problema de matemáticas, dice Stigler, lo más probable es que diga: «No me van los números»; en cambio un asiático o un japonés diría: «No me he esforzado lo suficiente en matemáticas». Los maestros chinos y japoneses, añade,

---

Cuando se trata de los estudios, lo típico es que los estadounidenses piensen que la habilidad innata es más importante que el esfuerzo y la perseverancia. Muchas veces también pensamos que la relación entre capacidad y esfuerzo es inversamente proporcional, que cuanto más esfuerzo ha de poner uno para triunfar, menos inteligente debe ser. Esta idea hace que se tenga una mala imagen del esfuerzo. «Nuestra idea de una persona realmente dotada», dice Sandra Graham, psicóloga de la Universidad de California Los Ángeles, «es la de alguien que no tiene que trabajar con mucho tesón.»[9]

Así, dice Bill Gates que cuando ingresó en la universidad lo que intentaba era «matricularme en las asignaturas para luego no dejarme ver demasiado, porque no quería que pareciera que me esforzaba mucho».[10] En otras palabras, quería parecer tan listo que en realidad no necesitaba hacer el esfuerzo de asistir a clase.

Otro erudito cree que en la cultura estadounidense se hace más hincapié en la suerte (que no se puede controlar) que en el trabajo. «Incluso Horatio Alger se daba cuenta de que la suerte es tan importante como el coraje», dice Jackson Lears, historiador de la Universidad Rutgers. «Si nos fijamos en esos cuentos clásicos sobre el éxito americano, descubrimos que el acontecimiento clave en la respetabilidad que consiguen todos los jóvenes héroes es algo fortuito que escapa a su control, la intervención de algún benefactor acaudalado en un momento crucial o que salva a alguna heredera inocente de los matones de Bowery.»[11]

---

9. Sandra Graham, entrevista de la autora, marzo de 1993.
10. Schlender (2000).
11. Lyman (1999).

dicen a sus alumnos que cualquiera que reflexione lo suficiente sobre un problema le encontrará la solución. Por eso, piensa Stigler, los alumnos de primaria japoneses y chinos superan a los norteamericanos en matemáticas y lenguaje, como él mismo y sus colegas comprobaron.

Por consiguiente, tenga en cuenta que al principio le puede resultar difícil inculcar a su hijo la idea de que uno puede «hacerse» inteligente (al fin y al cabo, estamos hurgando en una cultura muy arraigada). Pero siga intentándolo; con un poco de esfuerzo y perseverancia lo conseguirá.

> Cuando el lanzador Hideku Irabu jugaba su primera temporada con los Yankees, un periodista preguntó a su padrastro cómo era Irabu de pequeño. Siempre había querido ser lanzador, respondió su padrastro. Siendo joven llegó a atar un tubo de goma a un poste y tiraba de él simulando el movimiento del que lanza, para así fortalecer el brazo y los músculos de la espalda.
>
> «Solía levantarse a las 5.30 de la mañana, antes que nosotros, para ir a correr —decía Ichiro Irabu—. Ponía todo su empeño en cosas ante las que los niños normales se habrían rendido ya mucho antes. Me dejaba perplejo su capacidad de realizar trabajos realmente arduos. Y esto me hacía pensar que de mayor podría ser un gran hombre.»[12]
>
> ¿O acaso cualquier estadounidense no pensaría que el hijo al que los Yankees acaban de seleccionar posee un auténtico talento?

Atención sobre todo a las niñas

Susan B. Anthony estaba que echaba chispas. En una reunión reciente un caballero había proclamado: «La naturaleza inherente de la mujer es el amor y la del hombre, la sabiduría», le escribía en 1859 a Elizabeth Cady Stanton, otra sufragista.

«El debate fue largo y encendido; ¡cuánto deseaba que estuvieras ahí —le decía a su amiga—. Después de todo, señora Stanton, creo que en el alma del hombre está fuertemente arraigada la idea de que él *rei-*

12. Curry (1997).

nará con su supremo intelecto, y que harán falta siglos para arrancarle la creencia de que ha nacido para tal fin.»[13]

Tal vez los vestigios actuales de esa idea de que la inteligencia de las mujeres es inferior, que se asienta en el supuesto de que la inteligencia es inamovible, ayuden a explicar por qué las niñas, sobre todo las brillantes, son más propensas que los niños a actuar como «incapaces» y a retraerse ante tareas escolares difíciles. (Por ejemplo, en el estudio de «falsas pistas» de Dweck del que hablaba al principio de este capítulo, cuanto más alto era el coeficiente intelectual de las niñas, peor lo hacían después de leer la jerigonza de aquel párrafo.)[14]

¿Por qué las niñas son menos proclives a perseverar ante los obstáculos con que se encuentran en sus estudios? Dweck ha descubierto que más o menos el mismo número de chicos y chicas piensan que hay que «nacer listo». Pero, como veíamos en el capítulo 4, muchas más chicas que chicos tienen muy poca confianza en su capacidad. A los chicos que confían en sí mismos y piensan que hay que nacer inteligentes las cosas les van bien, porque su confianza les asegura que nacieron con la suficiente capacidad mental para enfrentarse a los retos que sus estudios les plantean. Sin embargo, las chicas que piensan que hay que nacer inteligente *y* que ellas no entraron en el reparto de la capacidad intelectual, son las más propensas a convertirse en incapaces ante un posible desafío.

Este fenómeno que se da entre las niñas es posible que no se manifieste hasta la educación secundaria, cuando los estudios empiezan a ser más difíciles. Pero puede proteger a su hija de esta funesta combinación de ideas, fomentando para ello su confianza en sí misma, como le recomendaba en el capítulo 4, y asegurándose pronto de que su hija crea que puede «hacerse inteligente» si se esfuerza.

13. Cohen (1998). La cursiva es del original.
14. Dweck (1999).

166

La creencia en la «inteligencia innata» también puede ser perjudicial para las minorías sociales

En 1916, Lewis Terman, catedrático de educación de la Universidad de Stanford, escribía que «ninguna cantidad de instrucción escolar» podría jamás convertir a los trabajadores y a las criadas en

> votantes inteligentes o votantes capaces en el verdadero sentido de la palabra. [...] El hecho de que esos tipos abunden tanto entre los indios, los mexicanos y los negros [*sic*] indica muy claramente que toda la cuestión de las diferencias raciales en lo que a los rasgos mentales se refiere se deberá abordar de nuevo y con métodos experimentales. El autor predice que cuando así se haga se descubrirán enormes diferencias raciales en la inteligencia general.[15]

Diez años después, una catedrática del Columbia Teachers College, Leta Hollingworth, añadía que «los niños norteamericanos de ascendencia italiana muestran un bajo nivel de inteligencia. La selección de italianos que este país ha recibido ha producido muy pocos niños dotados».[16]

Como demuestran estos retazos de historia, las minorías sociales y los inmigrantes se han enfrentado durante mucho tiempo a mensajes de inferioridad intelectual, similares a los que les llegaban a las mujeres, unos mensajes que se asientan en la creencia implícita en que la inteligencia es inamovible e innata. Como ocurre con las niñas, cuando los alumnos pertenecientes a minorías sociales reciben el doble golpe de la fe en la «inteligencia innata» y del insidioso mito de la inferioridad intelectual racial, lo más probable es que se tambaleen.

El catedrático de psicología de Stanford, Claude Steele, demostraba recientemente cómo opera este estigma incluso entre alumnos brillantes de grupos minoritarios. Con su colega Joshua Aronson, pasó el examen de licenciatura de literatura a un grupo de estudiantes de segundo curso blancos y negros de la Universidad de Stanford que poseían la misma capacidad intelectual (según determinaban sus puntuaciones en el Test

---

15. Terman (1916), págs. 91-92.
16. Hollingworth (1926), pág. 71.

de Rendimiento Académico). Dijeron a los estudiantes que el objetivo de la prueba era determinar su capacidad verbal. Steele y su colega escogieron el examen de licenciatura porque pensaban que sería particularmente difícil para aquellos alumnos, que en su mayoría cursaban segundo curso, y que era posible que los estudiantes negros se sintieran intimidados por tal estereotipo, es decir, que interpretarían esa dificultad como prueba de su inferior capacidad intelectual. Efectivamente, los estudiantes negros hicieron «muchísimo peor la prueba que los blancos», dice Steele. Sin embargo, cuando se pasó la misma prueba a otro grupo de alumnos de las mismas características, a quienes se dijo que el objetivo era estudiar sus métodos de resolución de problemas, las puntuaciones de los alumnos negros igualaron a las de los blancos. «Cuando se elimina de la prueba la amenaza del estereotipo, y se dice que no se pretende diagnosticar la capacidad, el rendimiento de los alumnos negros aumenta de forma espectacular», dice Steele. Estudios posteriores han demostrado que esta «amenaza del estereotipo» también puede incidir negativamente en las puntuaciones que otros grupos obtienen en las pruebas: las de las mujeres en los exámenes de matemáticas, por ejemplo, o las de varones blancos que creen que se les compara con otros de origen asiático.[17]

Naturalmente, no existen pruebas sólidas de la existencia de diferencias de inteligencia que tengan su origen en la raza. Aunque en los tests de coeficiente intelectual se obtienen puntuaciones diferentes, si se examinan teniendo en cuenta la raza (cuya definición dista de ser clara), se ha demostrado, estudio tras estudio, que esas puntuaciones obtenidas en las pruebas de coeficiente intelectual reflejan claramente las experiencias de quien las realiza, y que las diferentes experiencias explican esas variaciones.[18] Sin embargo, dado que en la mente de muchas personas siguen existiendo los prejuicios racistas, si su hijo pertenece a alguna minoría social es muy importante que le inspire confianza en sí mismo y le inculque la idea de que el esfuerzo y el trabajo hacen más inteligentes a las personas.

17. Steele y Aronson (1995).
18. Gould (1981).

Unos investigadores de la Universidad de Washington en St. Louis compararon el coeficiente intelectual de alumnos estadounidenses blancos y negros mientras cursaban el último curso de bachillerato y después cuando terminaron los estudios de licenciatura. Utilizaron la gran base de datos de la Encuesta nacional longitudinal sobre la juventud, y descubrieron que el coeficiente intelectual de los alumnos negros que pasaban a la universidad aumentaba cuatro veces más que el de los alumnos blancos. La hipótesis de los investigadores era que la escolarización inferior había producido una brecha (de hasta 15 puntos) durante el bachillerato, y que la universidad había equilibrado las cosas.[19]

El esfuerzo merece la pena

Cuando su hijo se dé cuenta de que el trabajo y la perseverancia le hacen «más listo», su motivación interior para el aprendizaje cambiará por completo, porque se percatará de que vale la pena esforzarse. Pero éste no es el único efecto de lo que su hijo piense sobre la inteligencia. En el siguiente capítulo veremos otros posibles efectos que la idea de «hacerse listo» produce en el rendimiento escolar y en el deseo de aprender de su hijo.

La idea de inteligencia innata o de coeficiente intelectual es un invento americano, profundamente enraizado en nuestra cultura. En los primeros años del siglo XX, el ministro de Instrucción Pública francés pidió a Alfred Binet que elaborara un método fiable para identificar a los niños que deberían asistir a escuelas especiales de París. En 1905, Binet, entonces director del Laboratorio Psicológico de la Sorbona, y su colega Théodore Simon crearon un examen que cumpliera aquel propósito. Binet se horrorizó cuando los estadounidenses empezaron a utilizar su prueba para medir la inteligencia innata. «Algunos filósofos modernos —escribía Binet en 1909— parecen dar su apoyo moral a [determinados] juicios de-

19. Woo (1997).

plorables cuando afirman que la inteligencia del individuo es una cantidad fija, una cantidad que no se puede aumentar. Debemos protestar ante tan crudo pesimismo y reaccionar en su contra.»

Su propia experiencia hizo que Binet fuera especialmente sensible ante la idea de inteligencia inflexible. Al realizar su examen de bachillerato —el largo examen que los adolescentes franceses debían aprobar para acceder a la universidad—, había confundido el nombre de un filósofo griego con el de uno de los personajes de una fábula clásica de La Bruyère. La persona que le realizaba el examen oral, la señora Martha, arremetió furiosa contra él. «Declaró que yo nunca tendría un espíritu filosófico —escribiría más tarde—. Nunca. ¡Qué palabra más fuerte!»[20]

20. Binet (1975), pág. 105.

8

¿Hacerse listo o parecerlo? La diferencia está en las metas de nuestro hijo

La pequeña Tiffany, de 6 años, sube al coche, se abrocha el cinturón y saca una caja de pasas de la bolsa del almuerzo.

> MAMÁ: Bien, ¿cómo te ha ido el tercer día de segundo curso?
> TIFFANY (*echándose las pasas a la boca*): Hemos hecho grupos de lectura. Yo estoy con los Tigres.
> MAMÁ (*muriéndose de ganas de saber el nivel del grupo*): ¿Y qué grupo es ése?
> TIFFANY: Leemos los libros de color verde.
> MAMÁ (*frunciendo el entrecejo*): ¿Quién más está en tu grupo?
> TIFFANY: Shawna, Clark, Samantha, Jessie y David.
> MAMÁ: Ah, bien. Debe de ser el grupo de los buenos.

No se puede culpar a la madre de Tiffany de que desee saber el puesto que ocupa su hija entre sus compañeros de clase. Es comprensible, especialmente porque hoy las presiones sobre el rendimiento de los alumnos son mayores que nunca. La admisión en un centro educativo, desde la escuela infantil hasta la universidad, se ha convertido en toda una competición, y no hay familia que sea inmune a esta presión. Algunos padres con recursos de las grandes ciudades empiezan a preparar las pruebas de ingreso ya cuando sus hijos tienen uno o dos años, para poder conseguir así un puesto de preescolar en un centro de prestigio. La vida familiar se deteriora por culpa de la intensa preparación que más adelante han de realizar los hijos para acceder a los mejores centros de bachillerato, y los niños reaccionan con síntomas de ansiedad, que van desde morderse las uñas hasta las drogas, desde un «cumplir» pasivo hasta una auténtica rebelión.

Es evidente que queremos que a nuestros hijos les vayan bien los estudios. Y es perfectamente razonable desear que nuestro hijo «parezca listo» porque consigue buenas puntuaciones en los exámenes y saca buenas notas. Pero ¿cómo afecta ese objetivo de un buen rendimiento a su gusto por aprender? ¿Aviva su deseo interior de aprender o lo sofoca?

Objetivos de rendimiento y objetivos de aprendizaje

La insistencia en «parecer listo» o en demostrar un buen rendimiento en la escuela va estrechamente unida a la creencia en que la inteligencia es innata e inmutable. Nuestra cultura otorga un gran valor a la inteligencia, por eso los niños que creen que uno nace o no nace inteligente tienden a valorar el hecho de parecer listo (a al menos no parecer tonto). En otras palabras, tienden a acentuar los «objetivos de rendimiento», lo cual significa que para ellos hacer las cosas bien y parecer inteligente es más importante que aprender de verdad. Si a su hijo le preocupa más sacar una buena nota en el examen de matemáticas que comprender los conceptos que forman la materia de ese examen, es que su objetivo está en el rendimiento.

Por otro lado, los niños que piensan que uno se puede «hacer listo» normalmente destacan los «objetivos de aprendizaje». Tienden a centrarse en la adquisición de conocimientos y habilidades, en *hacerse* inteligentes más que en *parecerlo*. Por consiguiente, si su hijo se centra en comprender los conceptos matemáticos, es que su objetivo está en el aprendizaje.

Todo el mundo tiene objetivos de rendimiento y objetivos de aprendizaje. Se acordará usted, por ejemplo, de que quería aprender a escribir bien y, a la vez, sacar una buena nota en sus redacciones. O quizás hoy pertenezca a algún club de lectores y, al mismo tiempo que disfruta al aprender con lo que lee, también espera que al grupo le parezcan interesantes los comentarios que usted haga. Tal vez cuando iba a la escuela tenía objetivos distintos para las diferentes asignaturas: quería aprender historia, pero en ciencias lo único que deseaba era aprobar.

Del mismo modo, la mayoría de los niños tienen objetivos de aprendizaje y de rendimiento. Pueden estudiar para aprender, pero también desean una nota determinada, quizá para aparecer en el cuadro de honor o tal vez sencillamente para no sentirse avergonzados.

Los objetivos de rendimiento no tienen nada de malo. De hecho, son deseables y necesarios. Muchas veces los niños tienen que «demostrar» que han aprendido una cosa para pasar a la siguiente y, como dice Carol Dweck, «todos los alumnos quieren que se les reconozcan sus habilidades y sus logros».[1] El problema se plantea cuando ponen un énfasis *excesivo* en este tipo de objetivos. Curiosamente, cuando los alumnos se centran más en cómo hacen las cosas que en lo que están aprendiendo, su rendimiento es peor.

Para estudiar son mejores los objetivos de aprendizaje

Los estudios han demostrado una y otra vez que los niños que tienen unos objetivos de aprendizaje aprenden y lo disfrutan más. Por ejemplo, Dale Schunk, psicólogo de la Universidad Purdue, hizo unos exámenes de matemáticas a un grupo de alumnos de cuarto. A la mitad les dijo: «Intentaréis *aprender* cómo se solucionan los problemas de quebrados con un denominador común». A los otros les dijo: «Intentaréis *solucionar* problemas de quebrados con un denominador común». Lo sorprendente fue que esta pequeña diferencia en las instrucciones que se les dio afectó mucho a la forma en que los niños plantearon los problemas. Aquellos a quienes se les había dicho que aprendieran a solucionar los problemas no sólo expresaban más confianza en sí mismos antes de empezar, sino que solucionaron un número significativamente mayor de problemas: una media de catorce, frente a los once de los niños a los que se les había dicho sencillamente que «solucionaran» los problemas (es decir, que tuvieran un buen rendimiento).[2]

1. Dweck (1999), pág. 151.
2. Schunk (1996).

173

UN RAZONAMIENTO MÁS COMPLEJO

Otros estudios han demostrado que con los objetivos de aprendizaje se consigue una comprensión más profunda que con los objetivos de rendimiento. En uno de esos estudios, Sandra Graham y Shari Golan, de la Universidad de California Los Ángeles, pidieron a un grupo de alumnos de quinto y sexto que respondieran unas preguntas que aparecían durante seis segundos en la pantalla del ordenador. La respuesta a algunas preguntas era completar rimas sencillas, pero otras preguntas exigían un razonamiento más complejo. A un tercio de los niños se les dijo simplemente que para responder las preguntas completaran los espacios en blanco; a otro tercio, que el ejercicio demostraría lo «buenos» que eran en la resolución de problemas. Al tercio restante sólo se le dijo que se divirtieran y disfrutaran con la prueba.[3]

Los tres grupos sacaron la misma puntuación en las preguntas de rima fácil. Pero aquellos niños a los que se les había dicho que se centraran en lo «buenos» que eran sacaron una puntuación inferior a la de los otros dos grupos en las preguntas que exigían un razonamiento más complejo.

UNA MOTIVACIÓN MEJOR

Por último, todos los estudios demuestran que, cuando el objetivo principal es el aprendizaje, los niños disfrutan más de sus estudios y su motivación interna aumenta. Por ejemplo, Carol Ames y Jennifer Archer pidieron a 176 niños de octavo a undécimo curso que respondieran un cuestionario sobre el ambiente de su clase, y otro sobre cuánto les gustaba ésta. Algunos niños dijeron que el ambiente favorecía sobre todo el aprendizaje. Estaban de acuerdo en afirmaciones del tipo: «El profesor quiere que probemos cosas nuevas», «El profesor quiere que aprendamos a solucionar problemas solos» y «A los alumnos no les importan las notas que sacan los demás». Otros señalaban que el ambiente favorecía el rendimiento, y estaban de acuerdo con afirmaciones del tipo: «Los alumnos

3. Graham y Golan (1991).

compiten entre sí para ver quién saca mejor nota», «Los alumnos se esfuerzan mucho por sacar la mejor nota» o «Los alumnos saben si lo hacen mejor o peor que los demás». Cuanto mayor era su convencimiento de que lo que dominaba en la clase era el aprendizaje, más les gustaba ésta.[4]

Por qué funcionan mejor los objetivos de aprendizaje

Los investigadores han descubierto que los objetivos de aprendizaje son superiores a los de rendimiento por diversas razones.

MEJORES TÉCNICAS DE APRENDIZAJE

Una razón es que los niños que se centran en el aprendizaje y no en el rendimiento tienden a estudiar «activamente». Por ejemplo, repasan lo que no entienden, hacen preguntas mientras trabajan y relacionan lo que aprenden de nuevo con lo que ya saben. Por otro lado, los alumnos que insisten en el rendimiento suelen utilizar estrategias «pasivas» y superficiales, como la de copiar, adivinar y soslayar las preguntas difíciles.[5] También utilizan métodos rápidos o sólo hacen lo necesario para sacar una buena nota. Si no les queda más remedio para parecer que son inteligentes, incluso llegan a copiar y a hacer trampas.

MENOS ANSIEDAD

Los objetivos de rendimiento pueden producir una ansiedad tremenda. ¿No se acuerda de aquel alumno que le daba la vuelta a su examen, lo dejaba encima de la mesa y salía del aula, mientras usted seguía devanándose los sesos? Tal vez no se diera usted cuenta, pero cuando a ese alumno le seguían otros cuatro, quizá empezaba a sentir pánico y a tener problemas para concentrarse. Al final, quizá empleaba más tiempo en ver cómo terminaban los demás que en trabajar en su examen.

4. Ames y Archer (1988).
5. Meece, Blumenfeld y Hoyle (1988).

Los niños que quieren parecer listos sufren este tipo de ansiedad continuamente. En vez de atender a lo que dice el profesor, lo que les preocupa es que les pregunte y no sepan la respuesta. No sienten más que una preocupación que les angustia. Como decía una niña cuando se le preguntó cómo se sentía mientras resolvía problemas de matemáticas: «Estaba nerviosa. Pensaba que quizá no sabría hacerlos. Pensaba sobre todo que estaba haciendo el ridículo».[6]

En resumen, los investigadores han descubierto que cuanto más tiempo emplean los niños en preocuparse por lo listos que parecen, menos atención pueden prestar a serlo de verdad.

MAYOR ÁMBITO DE ATENCIÓN

«¿Esto cuenta para el examen, señorita?» Esta eterna pregunta ilustra cómo el hecho de estudiar únicamente para sacar una buena nota limita el aprendizaje del alumno a aquello de lo que espera que se le va a examinar.

No es difícil que haya oído a su hijo comentarios como éstos: «Esto no me lo tengo que aprender, mamá. No saldrá en el examen», o «No he de comprobar la ortografía. La señorita Mahoney no resta puntos por las faltas de ortografía». Actitudes como éstas limitan el aprendizaje al objetivo de conseguir un aprobado.

Poco después de mudarme a Los Ángeles, decidí asistir a clases de castellano por la noche. El ambiente no era de competición, pero yo era incapaz de sacudirme las viejas preocupaciones por las apariencias y el rendimiento. El profesor tenía la costumbre de darnos una serie de preguntas impresas en una hoja y las iba preguntando por turno, siguiendo el orden en el que estábamos sentados alrededor de la mesa. Yo solía calcular la pregunta que me iba a tocar, y repasaba una y otra vez la respuesta mientras él iba dando vueltas alrededor de la mesa. Cuando me llegaba el turno, sabía aparentar mi competencia porque había ensayado mucho, pero me perdía lo que podía haber aprendido de las preguntas y respuestas de los demás. Tal vez por eso sigo sin saber hablar castellano.

6. Peterson y Swing (1982).

Los niños que se preocupan de parecer inteligentes piensan que buscar ayuda equivale a proclamar: «No lo entiendo», o peor, «Soy un estúpido». Efectivamente, las investigaciones han demostrado que los niños que tienen unos objetivos de rendimiento se reprimen de pedir ayuda cuando la necesitan. Por ejemplo, tres psicólogos de la Universidad de Michigan calificaron el ambiente de diversas aulas de quinto curso como «orientado al aprendizaje» u «orientado al rendimiento». Luego pasaron un cuestionario a los alumnos en el que se les preguntaba hasta qué punto estaban de acuerdo con afirmaciones del tipo: «Si el trabajo de matemáticas me resulta demasiado difícil, prefiero no hacerlo que pedir ayuda». Como era de esperar, los niños de los grupos en que el rendimiento predominaba sobre el aprendizaje eran los más reticentes a pedir ayuda.[7]

Unos niveles adecuados

¿Su hijo repasa tres veces los deberes, corrige algún trabajo una y otra vez o se obsesiona con la preparación de algún examen? A veces, los niños a los que les preocupa claramente su rendimiento suelen insistir en lo que ya han aprendido, en vez de pasar a otras materias que les supongan un mayor reto. El alumno perfeccionista, angustiado por su capacidad interior, aterrorizado ante la posibilidad de cometer errores y determinado a sacar siempre sobresaliente, nunca cree que ha estudiado bastante.

El perfeccionismo, el mayor objetivo de rendimiento, puede asegurar unas buenas notas, pero limita el aprendizaje. La razón es que el tiempo que el perfeccionista dedica a repasar conceptos ya aprendidos lo resta al que podría emplear en aprender cosas nuevas.

---

7. Ryan, Gheen y Midgley (1998).

Cuando yo hacía bachillerato, se me invitó a cursar clases de cálculo junto con catorce alumnos brillantes. El primer día de clase hicimos un examen para que el profesor pudiera deducir lo que sabíamos. Mi nota fue la peor del grupo, por lo que mi frágil confianza languideció.

Aquella misma tarde dejé de lado el cálculo. No pensé que si continuaba podía aprender algo e incluso disfrutar del desafío. Todo lo que se me ocurría era que sería un lastre para mi expediente.

Años después me di cuenta de que mi caso era el de una alumna con unos *objetivos de rendimiento*. No se trataba de que no supiera hacer el trabajo, porque al curso siguiente cogí cálculo, en primero de carrera (era obligatorio), y me fue muy bien. Lo que ocurrió fue, sencillamente, que en el instituto me preocupaba tanto sacar buenas notas que huía de todo lo que supusiera un desafío.

El peor problema de los objetivos de rendimiento, como bien ilustra mi experiencia y la de otros muchos, es tal vez que pueden provocar que los niños no acepten ningún reto. Como he venido insistiendo a lo largo de todo el libro, los retos «justos» no sólo son la clave para ampliar el aprendizaje del alumno, sino que también son fundamentales para mantener viva la automotivación de nuestro hijo. Si insistimos en los objetivos de aprendizaje, fomentaremos que nuestro hijo acepte el trabajo difícil y haga avances cualitativos en el aprendizaje. Cuando le sale bien alguna tarea difícil, la alegría y el orgullo que siente harán que su deseo interior de aprender siga siendo ardiente y constante.

Carol Dweck nunca olvidará a un chico de uno de sus estudios que, cuando se encontraba con algún problema difícil, se comportaba como si le hubieran dado una chocolatina. «Se acomodaba en la silla», dice, «se frotaba las manos, se relamía y decía: "Me encantan los desafíos".»[8] Era un alumno que creía en la posibilidad de «hacerse listo» y que, en vez de preocuparse por lo inteligente que aparentaba ser, se apasionaba ante los riesgos que asumía.

---

8. Dweck (1999), pág. 10.

Hacer todo lo posible para no parecer tonto

¿Ha jugado usted alguna vez al Scrabble o al ajedrez simulando que no se esfuerza? Quizá dijera: «Me cuesta concentrarme», u hojeaba alguna revista durante el turno de sus oponentes. ¿O alguna vez dijo, justo cuando el profesor repartía el examen, que no se encontraba bien o que no había podido estudiar? Son las mismas tácticas que utilizan los niños para no parecer tontos. El razonamiento que se esconde en ellas es simple: si haces bien las cosas y realmente no te concentras o no has estudiado, debes de ser un auténtico cerebro. Si *no* lo haces bien... bueno, hasta el más inteligente puede fallar cuando está distraído o se encuentra mal.

Los niños que tienen objetivos de rendimiento y temen que no puedan ser brillantes en los estudios a menudo utilizan este tipo de artimañas para asegurarse de que si fallan puedan echarle la culpa a cualquier cosa menos a una falta de inteligencia. Algunos niños dedican más tiempo a aparentar que son mejores que los demás que a aprender.

Tal vez su hijo no use ninguno de los métodos que anoto a continuación. Pero si lo hace, significa que se esfuerza para evitar parecer incompetente. Si ha observado una o más de esas situaciones, es señal de que debe usted reforzar en su hijo el convencimiento de que hacerse inteligente es más importante que parecerlo. Las siguientes son algunas de las técnicas de «gestión de la impresión» (llamadas también estrategias de «autoperjuicio») más habituales que hay que vigilar:

- *Remolonear.* Si falla, puede echarle la culpa a que se puso a estudiar demasiado tarde.
- *Pérdida de los deberes.* Si cree que no sabrá hacer los deberes, puede salvar las apariencias diciendo que se ha «olvidado», o que se los comió el gato. (Desplaza el problema de su capacidad hacia una «falta de organización» o hacia un «animal revoltoso».)
- *Objetivos inalcanzables.* Está seguro de fallar, pero como los objetivos eran tan elevados, el fracaso no pone en duda su capacidad.
- *Objetivos muy bajos.* Su hijo tal vez le diga que suspenderá el examen de ortografía, para que así usted se alegre cuando saque un bien.

- *Excusas*. Puede explicar su bajo rendimiento sin referirse a su poca capacidad: «Me dolía el estómago». «John me molestaba.»
- *Un intento desganado*. Si no lo intenta, el fracaso no significa que sea un estúpido. Nadie sabe lo bien que podría haberlo hecho si realmente se hubiera esforzado. Se le criticará por no esforzarse, pero esto siempre es mejor que dar pie a que la gente crea que es un incompetente.

Ayudar a que nuestro hijo aprecie los objetivos de aprendizaje y la actitud de hacerse inteligente

Puede ayudar a su hijo a centrarse en el aprendizaje y no en el rendimiento. Pero primero debe asegurarse de que *usted* cree que las personas pueden hacerse inteligentes y que aprender es más importante que parecer listo, porque es imposible convencer a un niño de algo que uno no cree.

El siguiente cuestionario le ayudará a comprobar sus ideas:[9]

1. ¿Prefiere que su hijo

   a) vaya bien aunque no trabaje mucho o que
   b) trabaje mucho aunque no vaya muy bien?

2. ¿Cuál es para usted la mejor señal de que su hijo va bien en la escuela?

   a) Sacar buenas notas.
   b) Demostrar que mejoran sus habilidades y conocimientos.

3. Si su hijo va bien, ¿cuál es la mejor explicación?

   a) Mi hijo es brillante.
   b) Mi hijo trabaja mucho.
   c) El profesor de mi hijo es excelente.
   d) El trabajo es fácil.

9. Adaptado de las preguntas que se utilizan en Ames y Archer (1987).

180

4. Si su hijo no va bien en la escuela, ¿cuál es la mejor explicación?

   a) Mi hijo no es muy brillante.
   b) Mi hijo no trabaja bastante.
   c) El profesor de mi hijo podría ser mejor.
   d) El trabajo es muy difícil.

Si ha respondido *b* tres veces o más, usted piensa que el esfuerzo es más importante que la capacidad innata para los estudios. Si sólo ha respondido *b* una o dos veces, necesita remozar su ideas sobre la inteligencia. Una forma de hacerlo es leer de nuevo el capítulo 7 y comentarlo con su cónyuge o algún amigo. También puede optar por poner en práctica los consejos que le doy en los apartados siguientes, que muestran cómo lograr que nuestro hijo crea en la inteligencia «adquirida» e insista en los objetivos de aprendizaje.

¿Qué niños padecen más por culpa de los objetivos de rendimiento?

Insistir demasiado en los objetivos de rendimiento puede hacer daño a cualquiera, pero hay dos tipos de niños que son los que más sufren por su culpa: los alumnos brillantes y los niños con poca confianza en sí mismos. Los niños brillantes a quienes lo que más preocupa es sacar buenas notas, los elogios y cualquier otro tipo de premio, y que no tienen que esforzarse mucho por conseguirlos, pueden acabar aburridos y desmotivados. ¿Por qué iban a fijarse desafíos si pueden alcanzar los objetivos sin excesivo esfuerzo?

Los niños que tienen objetivos de rendimiento y dudan de su capacidad para triunfar en los estudios reciben un duro golpe académico que les deja fuera de combate: ¿por qué iban a esforzarse si hagan lo que hagan van a parecer unos estúpidos?

Fomentar en nuestro hijo los objetivos de aprendizaje

Para ver cómo fomentan los padres los objetivos de aprendizaje o los de rendimiento, escuchemos a dos de ellos mientras hablan de los exámenes de matemáticas de su hija:

PAPÁ 1: ¿Cómo te ha ido el examen de matemáticas?

COURTNEY: Bien.

PAPÁ 1: ¿Qué has sacado?

COURTNEY: Bueno, he tenido tres fallos.

PAPÁ 1: ¿Y eso es un sobresaliente o un notable?

COURTNEY: No lo sé. Sólo sé que he tenido tres fallos.

PAPÁ 1: ¿Y cómo les ha ido a tus amigos? ¿Qué ha sacado Mikey?

COURTNEY: Creo que tuvo cuatro fallos.

PAPÁ 2: Hola, cariño. ¿Cómo van las cosas?

MICHELLE: Bien.

PAPÁ 2: ¿Y la escuela?

MICHELLE: Nos han devuelto el examen de matemáticas.

PAPÁ 2: Ah, ¿sí?

MICHELLE: Tuve tres fallos.

PAPÁ 2: ¿Y cuántos aciertos?

MICHELLE: Todo lo demás. Unos diez, quizá.

PAPÁ 2: Pues no está mal. ¿Sabes en qué te equivocaste?

MICHELLE: La verdad es que no.

PAPÁ 2: ¿Quieres que lo repasemos juntos? Tal vez averigüemos qué es lo que no entiendes.

Seguro que habrá adivinado que el padre de Michelle es el que fomenta los objetivos de aprendizaje. Por supuesto que, como el padre de Courtney, usted también quiere saber el rendimiento de su hijo. Al fin y al cabo, las notas son importantes. Pero haga todo lo posible por evitar que su primera pregunta sea: «¿Qué has sacado?».

Éstas son otras formas de fomentar la actitud de aprendizaje de su hijo:

Insista en la importancia del aprendizaje como objetivo

- «Prefiero que te esfuerces de verdad, aprendas algo y saques un notable, a que te dediques a lo fácil con cosas que ya sabes y saques un sobresaliente.»
- «¿Qué trabajo debes escoger? ¿Con cuál aprenderás más?»
- «Si te apuntas a los *scouts* probablemente aprenderás cosas interesantes de verdad.»
- «Te hemos matriculado en esta escuela porque aquí aprenderás muchas matemáticas y ciencias.»

Insista más en el aprendizaje que en las notas

- Pregúntele a su hijo: «¿Qué has aprendido hoy en la escuela?» cinco veces por cada: «¿Qué has sacado?».
- Pregúntele por lo que esté estudiando: «¿De qué trata la unidad de sociales?».
- Céntrese en la comprensión. Pregúntele: «¿Me enseñas cómo has resuelto este problema de matemáticas», en vez de: «¿Te ha salido bien éste?».
- Cuando le lleve a casa algún examen con errores o preguntas sin responder, anímele a que corrija los primeros y luego complete las segundas.

Hable de experiencias que a usted o a su hijo les ayudarán a aprender

- «Cuando trabajaba en la granja de los abuelos, aprendí a ordeñar. Y ver dar a luz a los animales fue una magnífica lección de biología.»
- «Lo que me encantó de la excursión fue aprender cosas sobre los árboles y las plantas, cuando nos fuimos con el guarda forestal.»

En cierta ocasión vi unos vídeos de dos clases de matemáticas. En el primero, un profesor de matemáticas norteamericano escribía un problema en la pizarra y preguntaba a los niños la respuesta. Si ésta era errónea, la pasaba por alto y preguntaba a otros alumnos, hasta que uno daba la respuesta correcta.

El segundo vídeo mostraba una clase de alumnos japoneses de quinto curso que aprendían a sumar quebrados con distinto denominador. Debían sumar un tercio y un medio. La profesora preguntó a un chico, quien respondió: «Dos quintos». En lugar de pasar por alto su error y preguntar a otro niño, la profesora se detuvo en él, y lo utilizó para orientar a los alumnos en la comprensión de dónde se encontraba la raíz del problema. «¿Qué es mayor? —les preguntaba—, ¿dos quintos o un medio?» «¿No es extraño que añadamos un número a un medio y el resultado sea menor que éste?», continuó.[10] En vez de comportarse como si los errores fueran algo vergonzoso, la profesora utilizaba el que había cometido el niño para desarrollar la comprensión del resto de los alumnos.

Podemos aprender de la actitud que esta profesora adoptaba ante los errores. Una de las diferencias más importantes entre los niños que quieren «parecer listos» y los que desean «hacerse listos» es su forma de reflexionar sobre los errores. Si su hijo se centra en parecer inteligente, los errores harán que se sienta apesadumbrado, pensará que ponen en entredicho su inteligencia. Pero si trabaja para aprender, sabrá que puede sacar provecho de sus errores, porque le dicen qué es lo que aún no comprende o qué debe aprender a continuación.

Para ayudar a su hijo a apreciar el valor de sus errores, puede hacer lo siguiente:

10. Vídeos proporcionados por James Stigler, Departamento de Psicología, Universidad de California Los Ángeles.

Explicar que los errores son una parte natural del aprendizaje

- «Nadie aprende algo nuevo sin cometer errores.»
- «Recuerda que los científicos tuvieron que realizar 77 intentos antes de clonar una oveja.»

Dar ejemplo de actitud positiva ante los propios fallos

- En vez de reprenderse, tómese el error como una lección: «¡Oh, no! Me he vuelto a olvidar de pagar la factura de la tarjeta de crédito. Ahora mismo me lo voy a apuntar en el calendario, para acordarme la próxima vez».
- Hable de errores que haya cometido. «Recuerdo que en un examen de ortografía de tercero saqué un 5. Pero a la semana siguiente trabajé de verdad y subí hasta el 8,5. ¡Me sentí estupendamente!»
- Cuando se proponga algo realmente difícil y no lo consiga, felicítese por haberlo intentado. «No conseguí ese empleo, pero la experiencia de solicitarlo fue una buena lección. Me siento orgulloso de haberlo intentado, y ahora sé qué debo hacer la próxima vez.»
- Háblele a su hijo de aquellos errores que cometió y que le enseñaron las mejores lecciones: «Uno de los peores fallos que tuve en quinto fue no decirle a nadie que no sabía hacer divisiones largas. Cada vez entendía menos las matemáticas, y aquel semestre casi suspendo. Luego me di cuenta de que lo que hacía era una estupidez, y desde entonces me propuse decir siempre qué es lo que no entiendo y pedir ayuda».

Ayudar a su hijo a aprender de sus errores y fracasos

- «Repasemos todas las preguntas que hiciste mal en el examen de sociales para averiguar qué es exactamente lo que no tienes claro.»
- «¿En qué nos equivocaríamos en el trabajo de ciencias? ¿Tienes idea de por qué no germinaron las semillas que plantaste?»
- «He señalado todos los errores de gramática. Mira cuántos sabes solucionar y luego veremos los demás, para saber exactamente lo que aún debemos aprender.»

No permitir que ni los hermanos ni nadie se rían de los errores de los demás

- «En esta familia no pensamos que los errores sean estúpidos.»
- «Lo primero que tienes que hacer es ayudar a tu hermano, y no reírte de él.»

COMBINAR SUAVEMENTE LOS OBJETIVOS DE APRENDIZAJE Y LOS DE RENDIMIENTO

Espero que este capítulo le haya convencido de que ayudar indirectamente a que su hijo se centre en el aprendizaje como objetivo es la mejor forma de que mejore las notas y saque mayores puntuaciones en los tests, además de protegerle de la ansiedad por rendir. Ya sé que el mundo está lleno de este tipo de presiones, que no siempre es fácil equilibrar con un amor por el aprendizaje. Cuando a su hijo le preocupe alguna prueba importante, o si su comunidad es de aquellas en que los padres hablan de universidad «de categoría» cuando sus hijos aún

---

Elogio del fracaso

- La esposa del director de cine Alan Pakula, Hannah, dice que cuando empezó a escribir biografías su marido la animaba a que experimentara. «Alan decía: "Vale, date el gran trompazo y vuelve a empezar". Fue un gran regalo. Me dio su protección. Lo que valoraba era el trabajo, tuviera éxito o no.»[11]
- Los ingenieros buscan el fracaso, dice Henry Petroski, catedrático de ingeniería civil de la Universidad de Duke. «Nos fiamos de que todo tipo de fallos estén en el propio diseño de muchos de los productos que utilizamos todos los días», dice. Muchas veces el fracaso es «un fin deseable».[12]

---

11. Hoffman (1999).
12. Petroski (1997).

- A algunas empresas estadounidenses les gusta contratar a personas que hayan fracasado en sus negocios, porque esto demuestra que saben asumir riesgos y que han aprendido lecciones importantes. El fracaso se aprecia de modo especial en Sillicon Valley. «El fracaso es una credencial tan buena como el éxito; es posible que incluso mejor», dice David Cowan, capitalista de riesgo de Menlo Park, California. «Si proceden de algún negocio que haya fracasado, poseen una comprensión innata de las consecuencias que comporta quedarse sin liquidez, y se centran en las cuestiones a largo plazo antes que las otras personas».[13]

están en primaria, no tenga miedo. Haga lo necesario para alcanzar los objetivos que se fije a largo plazo, apúntele para esa prueba importante o en ese curso que conviene hacer. Pero una vez hecho esto concéntrese, y haga que su hijo se concentre también, tanto como sean capaces, en el objetivo de un aprendizaje más inmediato: leer ese libro, redactar ese trabajo, aprender esa obra para piano o hacer esa división tan larga. Concéntrense en dominar paso a paso los conocimientos y las habilidades; es la mejor forma de mantener la calma y, a la larga, de sacar buenas notas y de sentir gusto por aprender.

La competición: ¿aumenta el deseo de aprender de su hijo?

Anna y Danielle eran amigas desde que iban a la guardería. Se sentaban juntas en el comedor, saltaban a la cuerda juntas en el recreo y los fines de semana se reunían en casa de cualquiera de las dos para jugar juntas. También sus madres se hicieron amigas y solían comparar el progreso que cada una de sus hijas hacía en la escuela.

Al llegar a cuarto, Anna empezó a destacar en sus estudios. La madre de Danielle la ponía de ejemplo y apremiaba a su hija para que sacara buenas notas «como Anna». A veces llegaba a plantear una competición. «Utiliza lo mejor de ti misma en el trabajo sobre Arizona —le decía a su hija—. Quizá, para variar, lo hagas mejor que Anna.»

13. Kaufman (1999).

Un día, la profesora de cuarto vio que Anna estaba sentada en un banco del patio, llorando. «¿Qué ha pasado? —preguntó—. Danielle ya no es mi amiga, porque usted me ha puesto en el grupo superior de matemáticas y ella está en el medio», sollozaba Anna. Mientras le secaba las lágrimas, la profesora dijo a la pequeña que el hecho de estar en grupos distintos no era razón para no ser amigas. Sospechando que había algo más, llamó a los padres de las dos niñas. Les pidió que no compararan el progreso de sus hijas, porque la competición que de ello derivaba interfería en la amistad que había entre ellas. Y les aconsejó que elogiaran los esfuerzos que las dos niñas realizaran siempre que se esforzaran, fueran cuales fueran los logros de la otra. Los padres siguieron su consejo y muy pronto las niñas reanudaron su amistad.

CENTRA LA ATENCIÓN EN EL RENDIMIENTO

La mayoría de las personas piensa que la competencia es algo saludable y que motiva a los niños a aprender. Con esta idea, muchos centros educativos organizan concursos y premios y otorgan becas y trofeos. Pero por desgracia, este tipo de competición muchas veces ahoga el gusto de los niños por aprender, en vez de alimentarlo. La razón es que la competencia centra la atención de los niños en el rendimiento, en ganar, más que en aprender.

DESMOTIVA PARA EL ESFUERZO

La rivalidad escolar tiene otro inconveniente importante. Los alumnos parten con unas destrezas y unas habilidades muy distintas; por eso casi nunca es justa. De ahí que (como recordará usted de su propia experiencia escolar) los concursos escolares normalmente sólo motivan a un grupo de alumnos destacados. Los que creen que no pueden ganar no tienen motivo para participar en ellos.

Como otras formas de competición escolar, hacer gráficos de notas y reconocer únicamente los «mejores» trabajos, que se colocan en el tablón de anuncios, sólo motiva a unos pocos alumnos. Con esto no quiero decir que nunca haya que elogiar los trabajos excelentes, ni utilizarlos como modelo para que otros alumnos traten de emularlos. Pero cuando esa alabanza se hace en público y sólo algunos alumnos pueden esperar con motivos que se les reconozca sus méritos, el resultado puede ser más la desmotivación que el aliciente.

En cambio, si el profesor califica de «extraordinario» cualquier trabajo que haya supuesto un esfuerzo serio y represente un progreso excelente, entonces todos los niños tienen oportunidad de que se reconozca su mérito. Todos no pueden ser «el mejor», pero todos pueden trabajar con tesón e incrementar sus habilidades.

FAVORECE EL TRABAJO SUPERFICIAL

La competición puede favorecer el trabajo apresurado, es decir, hacer sólo lo necesario para «ganar». Recuerdo que mi profesora de tercero puso en el tablón de anuncios una «rueda de lectura» para cada alumno. Disponía de unas ranuras en las que se iban colocando los títulos de los libros que habíamos leído y resumido siguiendo unos esquemas de resumen que nos entregaba la profesora. La exposición pública de esas ruedas hacía aflorar mi instinto de competición, y estaba resuelta a derrotar a la niña considerada mejor lectora de la clase. Escribía deprisa y con furia los trabajos sobre los libros. El problema es que realmente no leía las obras. Me limitaba a hojearlas por encima para sacar la información que necesitaba y así completar los esquemas de resumen. No recuerdo si conseguí ganar aquella carrera, pero sí que me motivaba más la victoria que la lectura.

SOFOCA LA CREATIVIDAD

La competencia también puede apagar la creatividad. Para demostrar este efecto, Teresa Amabile, psicóloga de la Universidad de Harvard, organizó unos concursos de *collages* para dos grupos de niñas de entre 7 y 11 años. A las del primer grupo les dijo que los jueces premiarían los tres mejores diseños, y a las del segundo grupo que al final del concurso se sortearían tres premios. Un jurado compuesto por siete artistas calificó los trabajos de las niñas. Los de aquellas que no habían competido por el premio eran más diversos, complejos y creativos.

«Los niños que compiten con sus compañeros», explicaba Amabile, pueden ser «más conservadores, menos propensos a asumir riesgos y a explorar y, por consiguiente, menos dados a hacer algo que sea creativo».[14]

La competencia positiva

La rivalidad no siempre es mala. Podemos ayudar a nuestro hijo a sacar provecho de la competición, a divertirse con ella y a reducir al mínimo el daño de la competencia injusta, de la siguiente manera:

FIJARSE OBJETIVOS INDIVIDUALES

Anime a su hijo a fijarse unos objetivos individuales y a competir consigo mismo. «¿Cuántas palabras crees que podrías escribir sin faltas de ortografía esta semana?»

Ayúdele a componer un gráfico, péguelo en la nevera, póngaselo en el tablón o guárdelo en el ordenador. Todos los días o todas las semanas su hijo puede ir señalando en él su progreso.

FOMENTAR LA COMPARACIÓN AMISTOSA

Fomente la «comparación amistosa», utilizando a un amigo como modelo y no como alguien a quien derrotar: «Alissa ha leído *Mujercitas* y le ha gustado mucho; apuesto a que tú también lo leerías».

14. Amabile (1982).

Cuando su hijo salga airoso en alguna competición, elógiele el esfuerzo y la creatividad, al menos tanto como el resultado. Cuando no le vaya tan bien, no le diga: «La próxima vez lo harás mejor». En vez de ello, haga que se centre en lo que ganó al participar: «Ahora sabes más cosas de electricidad que yo». «Fíjate en cómo hiciste las volteretas para prepararte para esa competición de natación.» Y no olvide felicitarle por haber aceptado un reto.

> Una profesora de cuarto me contaba en cierta ocasión qué hace para evitar que sus alumnos se desanimen cuando se preparan para el premio extraordinario de Geografía nacional, que sólo puede ganar un alumno de cada Estado. Me decía: «Digo a mis alumnos que el objetivo es "estar preparados". Les digo que estudiar para el premio les enseña mucho y que, gane quien gane, es un honor participar».[15]

La colaboración motiva más que la competición

A los niños les gusta trabajar con otros niños, y la competición entre grupos suele ser mejor que la individual. David Johnson, psicólogo de la Universidad de Minnesota, analizó cientos de estudios en que se comparaba la colaboración y la competición en la escuela, y descubrió que las actividades de colaboración entre los alumnos se traducían en un rendimiento académico significativamente más elevado en 316 de los 351 casos. También descubrió 98 ejemplos de alumnos a quienes les gustaban más las clases cuando trabajaban en colaboración, frente a sólo 12 ejemplos de alumnos que preferían la competición.[16]

15. Linda Weissler, entrevista de la autora, 13 de abril de 1997. Weissler es profesora de la Clover Avenue Elementary School de Los Ángeles, y jefe de grupo del Proyecto de Geografía e Historia de la Universidad de California Los Ángeles.

16. Johnson y Johnson (1989a).

Los estudios también han demostrado que los alumnos piensan en sus capacidades y en «parecer listos» cuando compiten de forma individual, pero cuando compiten consigo mismos o en grupo se centran en el esfuerzo.[17]

Hoy muchos profesores organizan trabajos en grupo. Se ha demostrado que el «aprendizaje cooperativo», si se organiza bien, favorece que los alumnos se ayuden mutuamente a aprender. Hablar entre ellos de lo que están estudiando les obliga a organizar su razonamiento y a explicar sus ideas, lo cual, a su vez, les ayuda a reconocer y a salvar las lagunas que cada uno tiene en su comprensión. Todos los alumnos se benefician, sea cual sea su nivel.

Algunos profesores, para combinar la colaboración con la competición, crean grupos de alumnos para que compitan entre ellos. Los equipos se forman de manera que en su conjunto tengan niveles similares, para que todos los grupos (y por consiguiente todos los alumnos) tengan oportunidad real de «ganar». La competición en grupo puede fomentar los sentimientos de colaboración y de aprecio mutuo, más que esos sentimientos de aislamiento que a veces provoca la competencia individual. La competencia leal, amistosa y mesurada estimula el entusiasmo y el interés por el aprendizaje.

Contribuya a que su hijo aprenda con sus amigos de manera informal. No hay que ser estricto ante el monopolio que hace del teléfono, por ejemplo, si es que está haciendo los deberes con un amigo.

Si su hijo tiene problemas para hacer los deberes, sugiérale que invite a un amigo para trabajar juntos. (Puede entrar en la habitación de vez en cuando para comprobar que no estén jugando con el ordenador.) Hacer los trabajos del colegio con un amigo puede ser más divertido, y la ayuda mutua que se prestan favorecerá el aprendizaje de ambos. Este tipo de colaboración ajusta y consolida las habilidades del «ayudante», al mismo tiempo que el «ayudado» se beneficia de las explicaciones de su compañero, que a veces se entienden mejor que las de una persona mayor.

17. Ames y Ames (1984).

Si a veces la competencia ayuda y otras perjudica a la automotivación de los niños para el aprendizaje, ¿qué pasa con los premios y las notas? En el capítulo siguiente hablaré sobre el papel que desempeñan a la hora de fomentar el gusto de los niños por aprender.

9

Premios y calificaciones: ¿ayudan o perjudican?

Había una vez un caballero a quien le exasperaba el ruido que hacían unos niños que jugaban cerca de su casa. Parecía como si se metieran con él a propósito, tirando la pelota a su césped, gravilla contra su puerta y armando barullo justo debajo de la ventana de su sala de estar. Un día llamó a unos cuantos de esos chicos y les ofreció pagarles 25 centavos para que al día siguiente hicieran todo el ruido que fueran capaces de hacer. A los chavales les encantó. ¿Qué mejor podía haber que a uno le pagaran para hacer algo que de todos modos quería hacer? A la tarde siguiente, aquel caballero, fiel a su palabra, les dio 25 centavos a cada uno.

Al día siguiente, los chicos volvieron a hacer ruido, pero el señor les dijo que tenía poco dinero y que sólo les podía dar 20 centavos a cada uno. «Bueno —pensaron los chavales—. Mejor esto que nada.» Pero cada día la paga se iba reduciendo un poco más, hasta que al final el señor dijo que ya no tenía dinero y que no podía seguir pagándoles. «¿Qué? —gritaron airados los chicos—. ¿Se cree usted que vamos a hacer ruido gratis?» Y se negaron a volver a jugar junto a la casa de aquel anciano.[1]

Los psicólogos cuentan esta historia para ilustrar que los premios pueden distraer la atención de los niños, alejarla del valor intrínseco de una actividad y situarla en el propio premio, como razón para emprender tal actividad. En otras palabras, demuestra que la mejor forma de socavar el interés del niño por aprender es premiarle por intentarlo.

Sin embargo, los premios por aprender son omnipresentes. En algunos programas, a los niños se les ofrece dinero por leer; en otros se les promete una pizza. He oído incluso de directores de escuela que

1. Casady (1975).

195

prometen teñirse el pelo de verde, comer gusanos, disfrazarse de caimanes o sentarse en el tejado vestidos de payaso, si sus alumnos leen un determinado número de páginas.

Como padre o madre, tal vez comprenda usted este tipo de tretas, porque también se ha servido de los premios. Yo las comprendo, desde luego. Cuando Meredith era pequeña, le prometía una galleta después de cenar si se comía cuatro trozos de calabaza o se tomaba toda la leche. Cuando estaba en primaria, una vez le pagué por practicar las tablas de multiplicar.

Tal vez haya sobornado usted a su hijo con lápices de colores para que hiciera pipí en el orinal, o con ir a ver algún partido de fútbol si sacaba buenas notas. Todos hemos utilizado las recompensas en un momento u otro, por una razón muy simple: funcionan, al menos a corto plazo.

Los premios no son intrínsecamente malos. Un soborno aquí y un premio allá no echarán a perder para siempre la automotivación de su hijo para aprender. Pero hay que utilizarlos con moderación y buen juicio, de lo contrario el resultado puede ser el opuesto al deseado.

Los estudios han demostrado que los premios pueden ser muy eficaces para estimular a los niños a hacer sus tareas escolares. El psicólogo H. Cohen, por ejemplo, ideó una «economía de recompensas» para chicos delincuentes que vivían en una residencia especial. Los chicos recibían puntos por sus resultados académicos, que podían cambiar por ropa, revistas o privilegios especiales. Sus resultados académicos mejoraron espectacularmente con este sistema.[2]

A. Alschuler realizó un estudio parecido con un grupo de alumnos de quinto. Cada uno de ellos recibía 2.000 dólares en dinero ficticio y redactaba y firmaba un acuerdo, en el que se incluían unos objetivos académicos. Si no alcanzaban alguno de los objetivos o entregaban tarde algún trabajo, tenían que devolver parte del dinero. Cuanto mayor era el objetivo, más dinero debían devolver. (Este sistema fomentaba los desafíos «justos» de que hablaba en el capítulo 3.) En un año, esos alumnos de quinto avanzaron una media de tres cursos

2. Cohen (1973).

en las notas que obtuvieron en los exámenes de matemáticas estandarizados.[3]

Los estudios sobre este tipo de «economías de recompensa» demuestran que son eficaces, *siempre y cuando los adultos responsables sigan dando las recompensas*. Pero, como bien ilustra el cuento del anciano y los chicos ruidosos, emplear recompensas para motivar a los niños a aprender tiene inconvenientes importantes: en primer lugar, el esfuerzo del niño cesará cuando dejemos de recompensarle. Segundo, cuando los niños tienen un deseo interno de aprender, ofrecerles un premio puede acabar con tal deseo, porque desvía su atención del goce inherente del aprendizaje y la sitúa en la propia recompensa.

Mark Lepper, psicólogo de Stanford, demostró este principio en su estudio clásico de 1973. Él y sus colegas dieron unos rotuladores mágicos a 60 alumnos de preescolar, a quienes dividieron en tres grupos. A los del primer grupo les dijeron que si hacían un dibujo se les entregaría un certificado con una estrella dorada y una cinta roja. A los del segundo no se les dijo nada de certificados, pero se les entregó uno cuando terminaron sus dibujos. Los del tercer grupo ni sabían nada de certificados ni se les entregó ninguno, sino que estuvieron coloreando felices.

Dos semanas después, los investigadores regresaron, pero esta vez sin ofrecer certificado alguno. Cuando a aquellos mismos niños se les dieron los rotuladores mágicos, los de los dos últimos grupos (a quienes en la primera sesión no se les había dicho nada sobre certificados) estuvieron pintando el mismo tiempo que la primera vez. (Obsérvese que, en el caso del segundo grupo, el hecho de haber recibido un premio *inesperado* no mermó su interés.) En cambio, los niños del primer grupo, a los que se les había dado el certificado prometido, sólo dedicaron a sus dibujos la mitad del tiempo del que habían empleado antes; su interés había caído en picado. Además, sus dibujos eran más descuidados y menos creativos que los de la primera sesión. Ahora estos niños estaban «orientados no hacia el disfrute de la actividad por sí misma —explica Lepper—, sino hacia lo que tenían que hacer para conseguir

---

3. Alschuler (1968).

la recompensa. Por eso improvisaron deprisa sus dibujos».[4] Más de 50 estudios posteriores al de Lepper obtuvieron idénticos resultados.

Otros estudios demuestran que centrarse en una recompensa provoca que los alumnos reduzcan el alcance de su atención, se olviden de lo aprendido, vuelvan a estrategias «seguras» como la memorización y busquen formas sencillas de salir adelante, como la de copiar en los exámenes. Por ejemplo, los psicólogos Carole y Russell Ames analizaron los resultados de la promesa que un restaurante hizo a un grupo de niños de primaria de entregarles unas invitaciones si en un mes hacían cuatro trabajos de lectura de libros. Los investigadores descubrieron que para conseguir la invitación los niños escogieron libros cortos, fáciles y hasta carentes de interés.[5]

Marty Covington, de la Universidad de California Berkeley, lo dice sucintamente: «Aprender se convierte en la forma de conseguir un premio, no en una forma de satisfacer la propia curiosidad ni de descubrir algo de interés».[6]

Los premios también pueden desmotivar a los alumnos ante trabajos que les supongan un desafío. Susan Harter, de la Universidad de Denver, demostró este fenómeno cuando dio a unos alumnos de quinto unos anagramas que para ellos eran «muy fáciles, fáciles, difíciles y muy difíciles». A la mitad de los chicos les dijo que los anagramas no eran más que un juego. En cambio, a la otra mitad se les dijo que se les pondría nota. Los alumnos del grupo que se iba a calificar escogieron anagramas significativamente más fáciles.[7]

Como descubrió Mark Lepper en su estudio de los rotuladores mágicos, los premios pueden sofocar la creatividad de los niños. Teresa Amabile, psicóloga de la Universidad de Harvard, corroboró los descubrimientos de Lepper cuando pidió a un grupo de niños de entre 5 y 10 años que contaran una historia al mismo tiempo que iban pasando las páginas de un libro ilustrado pero sin palabras. A la mitad de ellos les di-

---

4. Lepper, Greene y Nesbitt (1973).
5. Ames y Ames (1990).
6. Marty Covington, entrevista de la autora, agosto de 1993.
7. Harter (1978).

Una amiga mía regaló a su sobrina de 8 años unos programas de informática para redactar cuentos para su cumpleaños. Katie se pasó días escribiendo pequeñas historias, utilizando los programas para ilustrarlas e imprimirlas, y las reunía en libritos. Tenía una colección considerable. Luego, un sábado su tía le sugirió que escribiera historias personalizadas para los vecinos y los familiares y las vendiera por un dólar. A su sobrina le pareció una idea estupenda y en las dos primeras semanas vendió seis relatos, algo que le entusiasmó. Pero cuando las ventas decayeron, perdió el interés por escribir historias y volvió a jugar con sus Barbie.

jo que como premio por contar la historia podrían hacer dos fotografías instantáneas, a condición de que primero firmaran un contrato en que se comprometieran a contar una historia. A los otros niños sencillamente se les dejó que hicieran dos fotografías antes de contar su cuento. Después, tres profesores de primaria escucharon las grabaciones de las historias y las evaluaron. Calificaron de mucho más creativas las historias que habían contado los niños que no habían firmado ningún contrato.[8] «Las personas son más creativas —dice Amabile— cuando lo que les motiva es principalmente el interés, la diversión, la satisfacción y el desafío que supone el propio trabajo, más que unas presiones externas.»[9]

Por último, con los premios se corre el riesgo de debilitar el sentimiento de control y responsabilidad de los alumnos sobre sus tareas escolares. Los estudios demuestran que los sobornos y los incentivos apagan los sentimientos de autonomía de los niños, que se sienten controlados por la persona que les ofrece los premios.[10]

Cuándo y cómo premiar a nuestro hijo

Dadas las desventajas de los premios, usted ya no querrá confiar en ellos más de lo que ha venido haciendo. Pero veamos primero de qué

8. Amabile, Hennessey y Grossman (1986).
9. Amabile y Hennessey (1992).
10. Ryan, Mims y Koestner (1983).

forma *puede* utilizarlos sin socavar con ellos la motivación, el rendimiento ni la creatividad de su hijo.

UTILICE LOS PREMIOS PARA «ARRANCAR» A SU HIJO, CUANDO TODO LO DEMÁS FALLE

Hace poco hablaba con un grupo de padres de alumnos de primaria, y uno de ellos contó la siguiente historia:

> A mi hijo le encanta jugar a baloncesto. Seth es un jugador de equipo, de lo que me alegro, pero el año pasado exageraba su carácter desinteresado en el juego, ¡hasta el extremo de que nunca tiraba a encestar! Le expliqué que se suponía que, como escolta, debía encestar, pero él ni lo intentaba. Le ofrecí quince minutos extra de ver el programa de deportes en televisión por cada canasta, hasta dos horas por semana. En el siguiente entrenamiento empezó a tirar y consiguió algunas canastas. Esa noche estuvo hora y media viendo la televisión. Después de esto siguió tirando y encestando, y los dos nos olvidamos del programa de deportes.

Como bien descubrió el padre de Seth, los premios son una buena forma de «arrancar» a nuestro hijo cuando se muestra reacio a intentar algo nuevo. Del mismo modo, un pequeño soborno puede empujarle a desarrollar algunas habilidades hasta que el propio sentimiento de competencia le produzca placer y motivación para seguir. Una vez que adquiere cierta confianza y empieza a disfrutar con la nueva actividad, ya podemos abandonar los premios.

Los premios también pueden motivar a nuestro hijo para dominar temas que tal vez no tengan ningún interés intrínseco, como las tablas de multiplicar o la ortografía. Es perjudicial premiarle por cosas por las que ya siente interés. Pero si ha tratado usted en vano de hacer que alguna tarea le resulte más atractiva, está bien que le recompense para que aprenda algo que no le interesa.

Cuando le ofrezca un premio para «arrancar» o como último recurso, tenga en cuenta los siguientes consejos:

200

- Dele premios que estén significativamente relacionados con la actividad que pretenda fomentar. Si quiere que su hija vaya al museo, dígale que le comprará un libro de colorear sobre los egipcios en la tienda del museo. Si pretende que su hijo termine los deberes, prométale que le comprará el bolígrafo automático que le pidió si durante una semana acaba las tareas todas las noches.

A los 8 años, a Meredith le desanimaba que los deberes de matemáticas le costaran tanto tiempo. Yo traté de que memorizar las tablas de multiplicar fuera algo divertido, y para ello inventé un juego de cartas. No funcionó. Al final le di un centavo por cada serie de números que escribía.

- Dele el premio más pequeño que resulte eficaz. Si basta con un cucurucho de helado, no le ofrezca un videojuego. Cuanto mayor sea la recompensa, más atraerá la atención de su hijo, que pondrá en ella la razón por la que hace la actividad, y menos se dará cuenta del interés que pueda ir sintiendo por ésta.
- No deje pasar mucho tiempo entre la promesa de un premio y el momento de concedérselo. Para un niño muy pequeño, veinte minutos es un futuro muy lejano; el de 10 años tal vez pueda esperar un día.

Cuando Meredith estaba en preescolar le hice un cuadro de estrellas para motivarla a arreglarse todas las mañanas . (No me preocupaba que pudiera estropearle su deseo natural de arreglarse, porque no lo tenía.) Le prometí una estrella por cada vez que se vistiera sola, y un juguete cuando reuniera diez estrellas. Transcurrida la primera semana, perdió todo interés, porque le costaba demasiado tiempo conseguir el premio.

- Ofrezca un premio o un privilegio que no le importe conceder. No prometa a su hijo caramelos si le preocupa su alimentación, ni más rato de televisión si cree que ya la ve demasiado.
- Utilice un lenguaje que reconozca que su hijo tiene cierta autonomía para decidir: «A ver qué te parece: si durante los tres días siguientes terminas los deberes, te prepararé unas galletas. ¿Estás de acuer-

do?». «Si te parece bien, vamos a hacer lo siguiente: si en el próximo examen de matemáticas sacas al menos un bien, te dejaré que leas cómics quince minutos antes de irte a la cama todas las noches».

- Retire el premio tan pronto como su hijo muestre interés por la actividad. No es necesario ser explícito («Imagino que ya no tendré que darte un dólar por cada sobresaliente. Parece que ya estás motivado para sacarlos»). Haga como el padre de Seth: sencillamente «olvídese».

Cuando Meredith se enteró de que mis padres nos daban a mi hermano y a mí un dólar por cada sobresaliente que sacábamos en la escuela, preguntó si yo haría lo mismo. Sorprendida de que con los años no hubiera subido el precio, asentí; no creía que con un premio de tan poco valor perdiera interés por sus tareas escolares. Estaba en lo cierto. Un dólar era demasiado poco para desviar su atención.

Y lo más importante de todo, no utilice las recompensas si su hijo ya está motivado de forma natural. El padre de un compañero de Zach en la liga infantil ofrecía a los jugadores 5 dólares por cada *home run* que completaban, pero los niños ya ponían todo el empeño en conseguirlo. Como le ocurría al anciano del cuento, al ofrecerles dinero corría el riesgo de ahogar su motivación natural para el juego.

Asimismo, no he visto aún a ningún niño de 5 o 6 años al que no le apasione leer. Por consiguiente, si su hijo tiene esta edad, no le ofrezca un dólar por cada libro que lea. Si no lee por gusto, pruebe otras estrategias. Asegúrese de que dispone de libros interesantes. Pregúntele si le gustaría leer por la tarde, justo antes de acostarse, o los sábados por la mañana, o si preferiría sentarse con usted a leer todas las noches.

UTILICE LOS PREMIOS PARA RECONOCER LA COMPETENCIA

Hay un tipo de premios que lejos de ahogar el gusto por aprender de su hijo seguro que lo van a incrementar: son aquellos que transmiten información acerca de su competencia. Un certificado que acredite que se domina una determinada obra para piano, un cinturón de kárate, o la banda de los *scouts* pueden estimular al niño a intentar alcanzar el nivel siguiente. La razón es que estos premios representan el dominio de una nueva destreza. Los premios que dan información sobre las nuevas competencias académicas de su hijo avivarán su entusiasmo por la escuela.

Puede vincular un premio con la competencia de su hijo si:

- Lo acompaña con palabras: «Creo que te mereces una galleta por trabajar tanto y por este estupendo mapa de Minnesota que has hecho».
- Dibuja un certificado o lo hace con el ordenador: «*Certifico que Tricia Davila domina las sumas*».

No utilice premios que no reflejen ni esfuerzo ni destreza, por ejemplo un pin a todos los niños de la orquesta. (O dele algún significado al pin, algo que hable de los logros concretos de su hijo: «Tu orquesta sonaba muy bien, y este pin te recordará lo mucho que has mejorado con la flauta este año».)

CONSIDERE EL MENSAJE SUTIL DE SU PREMIO

Una vez visité a una profesora de preescolar que demostraba tener una forma muy sensata de utilizar los premios. Aquella mañana anunció que si sus alumnos se portaban bien, les pondría deberes antes de irse a casa. A los niños les entusiasmó esta posibilidad, y se callaban siempre que les recordaba la recompensa. Transcurrida la jornada, se fueron corriendo hacia sus padres enseñándoles las hojas de ejercicios que habían «ganado» por portarse bien.

Esa inteligente profesora aprovechaba uno de los detalles del efecto del anciano y los niños ruidosos: cuando se ofrece una recompensa, no sólo ocurre que la atención del niño se dirige hacia ella, sino que referirse a algo como recompensa aumenta su propio valor. Al hacer de los deberes un premio, la profesora promovía astutamente el valor del aprendizaje.

Si, por otro lado, le ofrece a su hijo llevarle de compras por leer un libro, o una hora extra de telecomedias por ver con usted un programa de National Geographic, el mensaje implícito es que ni la lectura ni la televisión educativa son agradables por sí mismas; en cambio, las compras y las telecomedias poseen un valor intrínseco.

Así pues, si utiliza los premios para «arrancar» a su hijo, procure ofrecerle algún programa de informática, un cuento más a la hora de irse a dormir, un libro de lectura nuevo o la oportunidad de preparar un pastel con usted.

Elogie el trabajo más que los premios

El elogio es intangible, pero puede ser tan eficaz como una película o una pizza, especialmente cuando transmite nuestro cariño y aprobación y reconoce la competencia de nuestro hijo.

Como los premios, cuando el elogio se aplica a una competencia nueva, nutre la motivación interna de nuestro hijo para aprender. Por eso, como decía en el capítulo 4, asegúrese de que cuando felicite a su hijo, éste sepa exactamente por qué lo hace. Cuando le elogie:

- Sea concreto. «Buen trabajo» está bien, pero: «¡Vaya letra más bonita!», o «Es una historia muy real. Casi veo el bosque» es mejor aún.
- Elogie sólo los logros que requieren un esfuerzo. Felicitar al hijo porque hace bien cosas sencillas significa que tenemos unas expectativas muy pobres. Los niños saben cuándo se han esforzado de verdad, y hasta pueden sentir vergüenza si les felicitamos por hacer menos de lo que pueden.
- Elogie la perseverancia. «Estoy realmente orgulloso de cómo te has metido de cabeza en el problema hasta que lo has solucionado.»
- Elogie que haya probado diversas estrategias. «Este nuevo plan que has probado, el de hacer un poco de la tarea antes de cenar, parece que funciona. Está muy bien que hayas elaborado una estrategia que funciona.»
- Elogie el progreso personal («Has mejorado la letra» o «Creo que ya empiezas a entender los quebrados»), más que la actitud competitiva

(«Apuesto a que tienes la mejor letra de la clase») o lo que haya hecho por usted («Estoy muy satisfecho de lo bien que lo has hecho»).

- Evite elogios que puedan hacer pensar a su hijo que se le controla o manipula («Bien, has hecho exactamente lo que quería que hicieras»). Este tipo de lenguaje debilita el sentimiento de autonomía (y por consiguiente la automotivación).
- Elogie el comportamiento, más que a su hijo. Si éste acaba los deberes y usted le felicita con un: «Eres un buen chico», implícitamente le dice que su amor y su orgullo están condicionados a que haga su trabajo. En otras palabras, su hijo tiene que complacerle para que le siga queriendo y aceptando. En vez de: «Eres un buen chico» o «Estoy orgulloso de ti», elogie su comportamiento: «Debes haberte esforzado mucho». «Has descubierto una buena forma de hacerlo.»
- Procure no fomentar que su hijo dependa de sus elogios. Ayúdele a juzgar su propio trabajo. Por ejemplo, si le muestra un dibujo que haya hecho o un cuento que haya escrito, pregúntele: «¿Qué te parece?». «¿Qué te gusta de él?» «¿Ha sido difícil de dibujar (de escribir)?» «¿Es el mejor que has hecho, o hay otros que te gustan más?»
- No exagere las felicitaciones. Si le alaba cada dos por tres, el elogio pierde valor. No le felicite por todo lo que diga o haga. Si le dice: «Buen trabajo», sea lo que sea lo que haya hecho, pierde usted credibilidad.
- No adule a su hijo con falsos elogios, sólo para que «se sienta bien». Hágalo con sinceridad. (Los niños ven la diferencia.)

Las notas

De pequeño, Albert Einstein fue a una escuela militarista alemana, donde iba tan mal que el director le dijo a su padre que no importaba la profesión que su hijo eligiera: «Jamás triunfará en nada», se mofaba el director. En su autobiografía, Einstein se lamentaba de la importancia que se daba en la escuela a los exámenes y las notas:

Es casi un milagro que los métodos modernos de instrucción no hayan ahogado ya por completo la sagrada curiosidad de la indagación; porque esta delicada planta, aparte del estímulo, necesita sobre todo de la libertad; sin ésta, se marchita y muere sin remedio. Es un grave error pensar que la alegría de ver y buscar se puede fomentar mediante la coerción y el sentido del deber. [...] Esta coerción tuvo un efecto tan disuasorio en mi caso que, después de aprobar los exámenes finales, estuve pensando todo un año que la consideración de cualquier problema científico me resultaba desagradable.[11]

Más adelante, el futuro físico atómico suspendió el examen de ingreso en un prestigioso instituto. Por fin encontró un ambiente académico agradable en un centro al que acudía a repaso. Sus profesores organizaban el aprendizaje en torno a la búsqueda de conocimientos de cada uno de los alumnos.[12] Einstein tardó un año en recuperar ese espíritu, pero su historia demuestra que centrarse en exceso en los exámenes y las notas puede perjudicar el deseo natural de aprender del niño.

Como los premios, las notas desvían la atención del niño de los contenidos de lo que esté estudiando, para situarla en la propia calificación. En vez de concentrarse en el valor y el placer de aprender cómo funciona el sistema nervioso humano, o cómo construían sus naves los vikingos, el alumno se concentra en el deseado sobresaliente o en el temido insuficiente.

Muchos estudios han demostrado este efecto. Por ejemplo, los psicólogos Richard Ryan y Wendy Grolnick demostraron que las notas pueden mermar el interés del alumno por algún tema cuando pidieron a alumnos de quinto de tres escuelas que leyeran un texto sobre la historia de la agricultura. A un tercio de los niños les dijeron: «Vamos a examinaros sobre esta materia y le daremos la nota a vuestro profesor». A otro tercio se les dijo: «Vamos a pasaros una prueba sobre este texto, pero no es para nota». Al tercer grupo se le dijo sencillamente que leyera el texto.

Después se examinó a todos sobre lo que habían aprendido y lo que sentían al respecto. Los alumnos de los dos grupos a los que no se ha-

11. Citado de Amabile y Hennessey (1992), pág. 54.
12. Citado de Amabile y Hennessey (1992), pág. 54.

bía calificado demostraron tener más interés por la historia de la agricultura, incluso habían comprendido mejor los conceptos que los niños del grupo que habían sido calificados. «Los resultados eran mejores cuando no había nota, como lo eran también el interés y la curiosidad —explica Ryan—. Las notas pueden ser realmente perjudiciales.»[13]

El psicólogo japonés Masaharu Kage obtuvo unos resultados similares al pasar unas pruebas semanales de matemáticas a un grupo de alumnos de secundaria. A la mitad de ellos les dijo que las pruebas contaban para la nota final, y a la otra mitad que sólo eran para ayudarles a controlar mejor su propio aprendizaje. El segundo grupo no sólo demostró más interés por el tema, sino que en el examen final superó de forma destacada a los otros alumnos.[14]

Por último, Ruth Butler, psicóloga de la Universidad Hebrea, demostró que la retroalimentación informal es mejor que las notas, tanto para fomentar la automotivación de los niños para el aprendizaje, como para mejorar su rendimiento. Butler pidió a tres grupos de alumnos de quinto y sexto que resolvieran unos anagramas e hicieran dos ejercicios de una prueba de creatividad. Calificó los resultados de un grupo, y a otro grupo le proporcionó una retroalimentación por escrito sobre lo bueno y lo malo de sus ejercicios. (Por ejemplo, decía: «Se te han ocurrido bastantes palabras correctas; quizá sea posible pensar en algunas más largas».) A los niños del tercer grupo se les puso nota y se les hicieron comentarios informales. Una vez concluido el trabajo, los niños que habían recibido comentarios rendían mejor en la prueba siguiente y además decían que encontraban el trabajo más interesante que los otros dos grupos de niños.[15]

Las notas suelen ser competitivas y por lo general no se basan en el progreso personal del alumno, por esto raramente fomentan la automotivación para el aprendizaje. Muchas veces ni siquiera favorecen más que un esfuerzo mínimo (el suficiente para no tener problemas), porque algunos niños saben que el esfuerzo más titánico no les va a suponer

13. Grolnick y Ryan (1987).
14. Kage (1991).
15. Butler (1988).

una buena nota. Otros alumnos no se sienten motivados a esforzarse demasiado porque saben que pueden hacerlo correctamente sin tener que agotarse.

Además, las notas pocas veces proporcionan información sobre lo que nuestro hijo sabe o no sabe. Incluso cuando se basan en los criterios de rendimiento del profesor, pueden carecer de información; los criterios suelen variar mucho entre los profesores y hasta para los diferentes niños de una misma clase.

Para dar mayor información, hoy algunas escuelas complementan o sustituyen las notas con explicaciones de lo que el niño ha aprendido. Si la de su hijo no le proporciona una información de este tipo, anímele a que la pida.

Cualquiera que sea el sistema de calificaciones de su escuela, usted puede influir muchísimo en la motivación de su hijo con su forma de reaccionar ante las notas. Lo mejor que puede hacer es no darles una importancia excesiva, ya que correría el riesgo de que la atención de su hijo se alejara del aprendizaje para centrarse en los sobresalientes, notables, bienes, suficientes e insuficientes.

Otras formas de evitar que las notas distraigan a su hijo del aprendizaje son las siguientes:

- Anímele a que se centre en objetivos a corto plazo, más que en las notas: escribir un buen trabajo sobre algún libro, aprender más reglas de ortografía o comprender los conceptos de matemáticas que esté estudiando.
- Cuando su hijo le lleve el informe con las notas, destaque los comentarios del profesor y cualquier otra información sobre lo que haya aprendido. Está bien con: «Debes sentirte orgulloso de este informe», pero es mejor: «Debes sentirte orgulloso de lo que has progresado en matemáticas».
- Cuando su hijo haga algún examen, pregúntele: «¿Te sentías preparado?». «¿Qué tipo de preguntas había?», y no: «¿Qué nota has sacado?».
- Cuando le lleve unas buenas notas, resista la tentación de correr a llamar a los abuelos. Primero reconozca lo que su hijo ha logrado. «Son unas buenas notas. Puedo asegurar que has trabajado de ver-

dad en esta evaluación. Tienes que estar orgulloso de ti mismo.» Después dígale a la familia lo mucho que trabaja su hijo y cuánto ha aprendido.[16]

Conozco a muchos padres que se escandalizaban e indignaban cuando sus hijos hacían mal algún examen estandarizado después de años de sacar buenas notas. Esto suele ocurrir bastante en las escuelas que atienden sobre todo a niños con pocos recursos económicos, cuyos profesores desarrollan unas expectativas muy pobres y, por consiguiente, inflan las notas.

Cuanto más consiga que su hijo se centre en el placer inherente del aprendizaje, antes que en las notas, mejor. Cuanta más atención preste usted a las recompensas internas del estudio —por ejemplo, el sentimiento de satisfacción y orgullo personales por el trabajo bien hecho—, menos dependerá su hijo de estímulos externos, como las notas.

Si los amigos de su hijo comparan las notas, usted no se rinda. Dígale a su hijo que lo que cuenta es el esfuerzo que ponga en su trabajo y lo que aprenda. Si sabe que esto es lo que a usted le importa, más que las notas que saquen él y sus amigos, habrá hecho ya mucho para librarle de la preocupación por las diferencias de notas.

«Pero ¿y la autoestima de mi hijo?», quizá me pregunte. «¿Acaso los premios y las buenas notas no harán que se sienta bien consigo mismo?» En el último capítulo analizaremos esta creencia tan extendida.

16. Basado en el manual del Centro Familiar Mar Vista.

209

10

¿Qué tiene que ver con todo esto la autoestima?

Joanna tiene 6 años y es la «alumna del día». Está de pie encima de una mesa recibiendo el aplauso de sus compañeros de clase. Después, el Conejito Autoestima, que es quien dirige la actividad, la levanta suavemente para dejarla en el suelo y la acompaña a su silla. Joanna coge el lápiz y abre el libro de ejercicios por la primera página. «Soy Joanna —escribe—. Me gusto como soy.»

Actividades como este taller organizado por la asociación de profesores y padres no eran infrecuentes en la década de 1960. Padres y educadores confiaban en que hacer que los alumnos se sintieran a gusto consigo mismos les estimularía para alcanzar un mejor rendimiento académico e, incluso, les apartaría de las pandillas y del problema de las drogas.

Hoy la mayoría de los ejemplos más extremos de esa moda de la autoestima están desapareciendo. Cada vez oigo hablar menos de programas de autoestima en las escuelas y de niños a los que se aplauda por «ser yo mismo». Pero la confusión sobre el papel que la autoestima desempeña en la vida académica de los niños persiste. Tal vez su hijo haya recibido algún trofeo por no hacer prácticamente nada o se le haya incitado a que se diga, por ninguna razón particular: «Soy especial». Quizás usted, como yo, se haya preguntado en alguna ocasión si debe reprimirse las críticas a su hijo o hacer caso omiso de los errores que haya cometido, porque no quiere que se «sienta mal consigo mismo».

Como padres, se nos invita casi a diario a pensar este tipo de cosas. Ese movimiento de la autoestima nos aconseja acertadamente que tengamos en cuenta los sentimientos de nuestros hijos, pero la deformación y los abusos de la idea de autoestima han sembrado también mucha confusión en los últimos veinticinco años, y han hecho que las

211

decisiones que los padres deben tomar sobre si aplaudir o criticar a sus hijos resulten mucho más difíciles.

Empecemos por aclarar la confusión sobre la autoestima con una breve reflexión sobre por qué a los padres y educadores les llegó a preocupar tanto lo que los niños piensan de sí mismos.

¿Dónde surgió el movimiento de la autoestima?

A finales de la década de 1950, cuando yo cursaba quinto, tuve una profesora excelente aunque con un lamentable defecto: cuando se sentía frustrada, la señorita *B*, para desahogarse, se burlaba de los niños que cometían errores o no comprendían las cosas enseguida. Chillando y en tono sarcástico, les llamaba «zoquetes» delante de toda la clase. Unos años después me di cuenta del mucho daño que había hecho a muchos compañeros, cuando uno de ellos, en el encuentro del veinte aniversario del instituto, me sacó el tema. ¿Me acordaba de que la señorita *B* le había llamado zoquete?, me preguntó, buscando mi expresión de asentimiento. Sí, lo recordaba. «¿No era espantoso? —dijo Ed, aliviado porque alguien le confirmara aquellos terribles recuerdos—. Nunca lo he olvidado.»

Hubo un tiempo en que el castigo de la señorita *B* —el hecho de avergonzar en público y la crítica acerada— era habitual. La gente pensaba que si lo niños sentían miedo ante tal amenaza trabajarían con tesón para evitarla. En los primeros años de posguerra, en las escuelas de Estados Unidos la disciplina no se alejaba mucho de los viejos métodos, por ejemplo el de sentar al niño en un esquina con un capirote en la cabeza, o el de golpearle los nudillos con una regla.

Efectivamente, en las primeras décadas del siglo xx, los expertos en paternidad estaban tan lejos de alentar los tiernos sentimientos de los niños que aconsejaban a los padres que no les cogieran cuando lloraran. En su obra de 1928 *Psychological Care of Infant and Child* (que incluía un capítulo titulado: «Demasiado amor materno»), el psicólogo de la conducta John Watson decía a los padres que no «malcriaran» a su hijo con su cariño. «Nunca les abracen ni les besen, no dejen que nunca se sienten en sus rodillas —decía—. Si tienen que hacerlo, denles un solo beso en la frente cuando les den las buenas noches. Por la mañana, denles la mano.»[1]

Eran los tiempos de «la letra con sangre entra».

Aquella fe en la rigidez impasible y punitiva empezó a cambiar a principios de la década de 1950, cuando los psicólogos se centraban en la importancia de los sentimientos sobre uno mismo. Carl Rogers, por ejemplo, decía a los padres que transmitieran a sus hijos una «opinión incondicionalmente positiva». El influyente pediatra Benjamin Spock, que había estudiado psiquiatría infantil, les aconsejaba que confiaran en su instinto y que no les preocupara la posibilidad de «malcriar» a sus hijos por atender con cariño a sus necesidades y sentimientos. Abraham Maslow, psicólogo de la Universidad Brandeis decía que, después de la supervivencia y la seguridad básicas, la autoestima —la idea de uno mismo como ser humano querido y apreciado— está entre las principales necesidades básicas del hombre.[2]

Algunos psicólogos empezaron a observar el estrecho vínculo que existe entre la idea que los niños tienen de sí mismos y su motivación para aprender. Se percataron de que la humillación y el miedo al castigo perjudican más que benefician. El miedo lleva al enojo y el retraimiento, no a un mayor esfuerzo.

La idea de autoestima entró en el mundo educativo en 1962, cuando la Association for Supervision and Curriculum Development (ASCD), que gozaba de gran respeto entre los educadores, publicó una antología dedicada a la importancia de la autoestima en la educación del niño. La obra sigue siendo la más conocida de la ASCD. Educadores y padres empezaron a reflexionar sobre cómo lo que el niño piensa de sí mismo afecta a su capacidad para aprender. La «retroalimentación positiva» y el elogio se pusieron al orden del día en muchas aulas y hogares.

1. Maier (1998).
2. Maslow (1987).

El recurso al miedo para motivar a los alumnos no ha desaparecido aún del todo. Mi amiga Elizabeth, que vive en un distrito escolar de excelente reputación, se quedó atónita cuando su hijo, un alumno trabajador de cuarto al que siempre le habían ido bien los exámenes y demás tareas escolares, llegó a casa con notas de suficiente e insuficiente. Estaba abatido. El profesor le dijo a Elizabeth que le había puesto esas notas a su hijo para «estimularle a que mejorara» en la siguiente evaluación. Pero David no sentía ninguna motivación; estaba desanimado y enfadado.

La exageración

La autoestima pronto se convirtió en la palabra de moda. En muchos aspectos, el movimiento de la automotivación era saludable, porque debilitaba la idea de «motivar» a los niños con amenazas y castigos. Lo que hacía era, por el contrario, destacar la importancia del ánimo, el optimismo y la retroalimentación positiva. Animaba a los padres a transmitir a sus hijos la idea de validez personal y de confianza en que los otros les querían y aceptaban tal como eran.

Pero el péndulo se alejó demasiado en su oscilación. La autoestima se convirtió en los polvitos mágicos que se podían echar sobre los niños para convertirles en estudiantes entusiastas. Los medios de comunicación repetían insistentemente a los padres que «la autoestima positiva es la piedra clave del éxito escolar».[3] Subidos a ese carro, los anunciantes proclamaban que determinado cereal, el dentífrico apropiado, el nuevo mobiliario infantil o una tarjeta de felicitación Hallmark serían el elixir mágico de la autoestima de los niños. (La casa Revlon patrocinó una unidad de autoestima escolar, que incluía una investigación sobre los días buenos y malos para el pelo.)[4] Muy a menudo la perseverancia y el rendimiento ocupaban un lugar secundario ante la idea de que los niños debían «sentirse bien consigo mismos». Como recuerda

3. Weinhaus y Friedman (1993).
4. Borowski (1999).

Carol Dweck, muchos empezaron a pensar que «si se le infla a alguien su autoestima, ya está arreglado de por vida».

Los mitos de la autoestima

El sentimiento que su hijo tenga de validez personal, de que usted le quiere, aprecia y acepta es desde luego muy importante. Y no hay duda de que tanto el éxito como cierto aplauso a sus esfuerzos contribuyen a la autoestima. Pero los estudios han dejado perfectamente claro que gran parte de las teorías y de los programas sobre ésta de las décadas de 1960 y 1970 estaban equivocados.

Veamos algunas de las habituales deformaciones de la autoestima.

«ELOGIOS: CUANTOS MÁS MEJOR»

Uno de los errores más frecuentes es aplaudir todo lo que el niño haga o diga, elogiar hazañas que no han supuesto esfuerzo alguno, sólo para que el niño «se sienta bien» consigo mismo. Como señalaba en el capítulo 9, el elogio puede tener mucho poder. Pero si lo exageramos, debilitamos nuestra credibilidad. «Si todo es maravilloso —dice Richard Cohen, profesor de la UES— cuando el niño sabe que hay cosas de las que hace que no son maravillosas, piensa que la persona que le halaga o bien tiene unas expectativas muy pobres, o bien no tiene ni idea de qué es hacer las cosas bien.»[5]

Según el columnista D. L. Stewart, en muchas familias estadounidenses la autoestima se ha traducido en una «competición de elogios al hijo». Uno de los padres dice: «Has hecho un dibujo muy bonito». Y el otro: «Es más que bonito. Es bellísimo. Seguramente merecería estar colgado en el museo de arte local». Vuelve el primero: «¿El museo de arte local? ¡Por favor! Se de-

5. Richard Cohen, entrevista de la autora, 5 de agosto de 1993.

bería colgar en el Louvre, junto a la obra de Leonardo Da Vinci». Y termina el segundo: «¿Leonardo Da Vinci? Comparada con esta obra, la basura que pintó se debería vender delante de las gasolineras abandonadas».[6]

«LOS ERRORES Y LA CRÍTICA SON MALOS»

La otra cara del elogio superficial y excesivo es pasar por alto cualquier error académico del hijo. Usted lo querrá hacer con alguno de ellos, evidentemente. No se puede corregir de repente todo un montón de errores. Imagine además lo desmoralizador que sería leer en voz alta si hubiera que corregir cualquier palabra mal pronunciada o que se nos atranque.

Pero no crea que señalar *algunos* errores dañará la autoestima de su hijo. (Como decía en el capítulo 8, lo que ocurre es más bien lo contrario.) Compensar la retroalimentación negativa con algún halago, como aconsejaba hacer en ese mismo capítulo, evitará el desánimo. «La historia que cuentas me ha hecho reír de verdad —puede usted decir—, pero tienes que comprobar dos veces la ortografía.» Asimismo, no tenga reparos en criticar a su hijo de vez en cuando. Basta con que se acuerde de intercalar comentarios positivos y sugerencias para que mejore.

Compare las técnicas de estos dos padres para comentar las notas que sus hijos les han llevado:

CHRIS: El informe con las notas, papá.

PAPÁ 1: ¡Qué notas más buenas! Se merecen un partido de béisbol, con todo lo que quieras tomar. ¡Eres muy lista!

CHRIS: Pero tengo un «deficiente» en «Atiende y sigue las orientaciones». La señora Hancock dice que hablo demasiado en clase.

PAPÁ 1: Bueno, no te fijes en esto. Lo que ocurre es que la señora Hancock no sabe apreciar tu energía. Ya he visto que sólo tienes suficiente en caligrafía, pero no importa. Hoy ya no se necesita tener una buena letra.

CHRIS: Pues sí, la señora Hancok es demasiado quisquillosa.

6. Stewart (1999).

SAMANTHA: El informe con las notas, papá.

PAPÁ 2: Gracias. Mmm... vamos a ver. Buena nota en sociales y lengua. Eso está muy bien, Sam. Sé que has trabajado mucho en estas asignaturas. Debes de estar orgullosa de ti misma.

SAMANTHA: Sí.

PAPÁ 2: Veo que tienes un «Necesita mejorar» en comportamiento. ¿Qué pasa?

SAMANTHA: Dice la señora Hancock que soy una cotorra en clase.

PAPÁ 2 (*se ríe*): Debe ser cosa de familia. Recuerdo que a mí también me bajaban la nota por hablar demasiado. Pero ¿no te distrae de lo que dice la profesora? ¿No crees que a lo mejor molestas a los otros niños?

SAMANTHA: A lo mejor.

PAPÁ 2: ¿Se te ocurre qué puedes hacer la próxima vez?

SAMANTHA: Imagino que hablar menos en clase.

PAPÁ 2: Quizá si hablaras más en el recreo...

SAMANTHA (*se ríe*): Vale.

El padre de Chris, cuando acepta todo lo que hace su hija, no está favoreciendo que ésta tenga una buena idea de sí misma. El de Samantha, en cambio, manifiesta que la acepta y confía en ella, y al mismo tiempo la anima a que reaccione ante la crítica de la profesora. Así se favorece la autoestima positiva.

«EL FRACASO ES MALO»

La necesidad de proteger a los niños del fracaso es otra idea equivocada sobre la autoestima. En efecto, en el capítulo 8 explicaba por qué a veces el fracaso resulta productivo. Y acuérdese del desafío «justo» de que hablaba en el capítulo 4, el que lleva a su hijo a dar el siguiente paso. Si normalmente se enfrenta a los retos, es inevitable que algunas veces fracase. La dificultad ocasional significa que se está exigiendo a sí mismo e intentando aprender al máximo.

Si su hijo piensa que la aprobación de usted depende de su éxito, el fracaso también podrá perjudicar a su autoestima. Algo que no ocurrirá si en lugar de criticarle a él, critica usted su comportamiento problemático. Por ejemplo, en vez de decirle: «Me has decepcionado», sea crítico con el comportamiento que se oculte detrás de ese fracaso: «Me decepciona que ayer por la noche estuvieras viendo la televisión en vez de estudiar para la prueba de ortografía». Cuando se les califica de «perezoso», «estúpido» o «malo», lo que se les está diciendo es que se desaprueba lo que son, no cómo se comportan; incluso llamarles «listo», «creativo» o «bueno» puede molestar a los niños si piensan que nuestro respeto por ellos depende de los logros que les hicieron merecedores de tales halagos.

«LA AUTOESTIMA CONSISTE EN CONSEGUIR LO QUE SE QUIERE»

Un día, la conocida especialista en infancia Lilian Katz visitaba una clase de primero, donde observó que los niños componían unos cuadernillos que se titulaban: «Todo sobre mí». En cada página los niños daban información que encabezaban con títulos como: «Lo que me gusta comer», «Lo que me gusta ver en la televisión», «Lo que quiero de regalo» y «Dónde me gusta ir de vacaciones».

Katz estaba perpleja. ¿Por qué en aquellos cuadernillos no había páginas que se titularan: «Cosas por las que siento curiosidad», «Lo que quiero hacer» o «Lo que quiero explorar, solucionar o averiguar»?, se preguntaba. ¿Por qué se dirigía la atención de los niños tan insistentemente hacia sus deseos?[7]

Muchas actividades escolares, dice Katz, confunden la autoestima con esta especie de aplauso trivial a uno mismo. «Sentirse competente y válido —dice— no es lo mismo que tener satisfechas las propias necesidades y los propios deseos.» Los cuadernillos, concluía, confundían la autoestima con el narcisismo.[8]

Por lo tanto, no caiga en la trampa de la publicidad que le dice que si le compra a su hijo una determinada marca de ropa, una golosina o

7. Katz (1993).
8. Lynn Fainsilber Katz, entrevista de la autora, 1 de febrero de 1995.

unas zapatillas de tenis mejorará su autoestima. En nuestra cultura de riqueza es fácil confundir proporcionar a nuestro hijo un sentimiento de validez personal con comprarle un objeto de valor. Pero no nos equivoquemos: que le compre a su hijo ese Power Ranger o la gorra de béisbol por la que ha estado suspirando no hará que se sienta bien consigo mismo.

Más allá de la autoestima

El ambiente relajado y de cariño que se crea cuando el niño sabe que le queremos y aprobamos su forma de ser es fundamental para un sano desarrollo emocional y para el gusto por aprender. Si siente que nuestro amor no depende de su rendimiento escolar, nuestro hijo puede asumir riesgos y procurarse ayuda. Puede aprender jugando, adquirir una competencia cada vez mayor y sentirse sólidamente autónomo, sin perder con ello la estrecha relación que le une a nosotros. Despreocupado en cuanto a tener que parecer listo, puede trabajar, luchar con tesón y aceptar el desafío «justo».

Si sigue usted los principios generales de todos los consejos que le he ido dando en este libro, educará a un hijo para que trabaje con esfuerzo. Cometerá errores y se encontrará con obstáculos, pero perseverará hasta superarlos y al final alcanzar el éxito, adquiriendo nuevas habilidades y conocimientos. Este éxito le hará una persona segura de sí misma, alegre, optimista y enérgica, y esos buenos sentimientos sobre sí mismo le estimularán para rendir mejor aún.

A medida que este ciclo se repita muchas veces, su hijo se sentirá satisfecho, sabedor de que ha desarrollado al máximo su capacidad, que ha crecido, se ha hecho mayor y que incluso tal vez haya aportado algo a la comunidad. Es un círculo que puede derivar en una eclosión de energía creativa que se traduzca en un dibujo sorprendente, en la solución de algún problema de matemáticas de los que le quiebran a uno la cabeza, o en un discurso ante toda la escuela. Es una condición psicológica que permitirá que su hijo reescriba tres veces el trabajo sobre ese libro, se suma en la desesperación, y lo vuelva a escribir otras dos veces hasta que se lea perfectamente. «Pues no está mal», tal vez se diga a sí mismo. Y después de concluir algún trabajo creativo y particularmente difícil, se sentirá pletórico de satisfacción y hasta es posible que tenga momentos de júbilo.

Entonces será cuando se dé cuenta de que le encanta aprender.

Apéndice

Escoger una escuela que fomente en nuestro hijo el amor por aprender

¿Cómo escoger la mejor escuela infantil o de primaria para su hijo? Muchos padres no se pueden permitir tal lujo, pero si usted se encuentra en la envidiable posición de poder elegir, ¿cómo puede decidir qué escuela favorecerá en su hijo el amor por el aprendizaje? Por otros padres puede enterarse de cosas sobre una determinada escuela, y del folleto informativo de ésta puede usted recoger cierta información sobre sus valores, pero la mejor forma de seleccionar una escuela es visitándola. Esto es lo que le recomiendo.

Buscar una escuela infantil alegre

Para empezar a decidirnos vamos a visitar juntos dos escuelas infantiles muy diferentes:

> Es un día primaveral de enero en California, y fuera un tropel de niños de 4 años se ríen mientras soplan en una mezcla de jabón y agua azucarada para hacer unas pompas enormes y relucientes que surgen de una varita de plástico hueca. Esperando su turno, una niña salta entusiasmada. Dos chicos gritan alegres, mientras persiguen una pompa de color rosa que flota por el patio. Una profesora ayudante hace toda una retahíla de explicaciones y preguntas: «¿Por qué creéis que flotan en el aire durante tanto tiempo? —pregunta—. ¡Ésa es enorme! —grita—. Fijaos cómo brillan».
> En la clase de al lado, tres niñas están sentadas a una pequeña mesa clasificando diversas formas por su tamaño y color. Al otro lado del aula, una ayudante de la profesora lee un cuento a un niño que tiene sentado sobre sus rodillas, mientras otros cuatro se le arremolinan en el suelo.

¿Qué demonios están aprendiendo esos niños? Probablemente saber hacer pompas de jabón no les hará mejorar sus notas en las pruebas de aptitud académica. Pero al hablar de las pompas de jabón con la profesora van adquiriendo nuevo vocabulario. Hacer turno para utilizar la varita de plástico les enseña a colaborar. Y el juego les despierta la curiosidad científica y les plantea, por ejemplo, preguntas como éstas: «¿Por qué todas las pompas salen tan redondas?» y «¿Por qué estallan?».

Comparemos esta escena con otra de una escuela infantil muy distinta:

> Veinte niños de 4 años están sentados delante de la profesora. Recitan el alfabeto y luego cuentan hasta treinta. A continuación, la profesora sostiene una tarjeta y los niños dicen al unísono el nombre de la letra que figura en ella. La clase se completa con un mapa del Estado, en el que los niños deben señalar el punto que representa la ciudad donde viven.

«¡Extraordinario!» quizá piense usted después de visitar la segunda escuela. «Tan pequeños, y ¡qué nivel tienen ya!»

No es así exactamente. Los niños pequeños muchas veces recitan palabras sin comprender los conceptos que encierran. El mismo niño que sabe contar hasta treinta tal vez no sepa decirle cuántas galletas tendría si tuviera dos y le diéramos otra. Para él, contar hasta treinta es una cadena de sonidos sin significado. Puede reconocer las letras del alfabeto, pero sin darse cuenta de que con las letras de las tarjetas se forman palabras, frases e historias. El mapa del Estado no tiene más sentido para el niño que sabe localizar en él la ciudad de Cincinnati que para mí puedan tener los códigos de los programas informáticos o las inflexiones de la lengua china.

En vez de aprender hechos y símbolos sin comprenderlos, los niños de preescolar deberían descubrir sobre todo experiencias directas, lo que los educadores suelen llamar un aprendizaje práctico. Las buenas escuelas infantiles guían a los niños a través del tipo de actividades lúdicas de aprendizaje que en el capítulo 2 yo recomendaba a los padres.

Algunos padres piensan que en preescolar es necesario enseñar las habilidades académicas básicas para que los niños puedan competir.

Puede que insistan en la enseñanza formal porque quieren «crear» un niño dotado, para mandarle a algún centro de secundaria privado y de prestigio o a alguna de las universidades más prestigiosas, o para asegurar el éxito académico que les hará merecedores de la «banda por la buena paternidad», por decirlo con palabras de la psicóloga de Los Ángeles, Wendy Mogel. A otras familias, el aprendizaje precoz les parece una forma de salvar las desigualdades sociales y económicas, o de partir en los primeros puestos en la competitiva carrera del mercado laboral de hoy. Y luego están los padres que exigen un preescolar académico porque creen erróneamente que así lo requieren los nuevos estudios sobre el cerebro, o porque quieren mitigar la culpa que sienten por tener que abandonar a sus hijos mientras ellos trabajan.

En mis estudios he visto que la enseñanza académica formal para niños de preescolar, como la que se impartía en la segunda escuela que retrataba más arriba, no sólo significa perder el tiempo: una gran insistencia en las destrezas formales básicas puede perjudicar el deseo de aprender de los niños. En un estudio, por ejemplo, mis colegas y yo analizamos dos tipos de aulas de niños de 4 años. En la primera, de carácter «muy estructurado», la profesora impartía clases formales. Hacía, por ejemplo, que los niños recitaran el alfabeto, contaran, respondieran preguntas factuales sencillas y realizaran unas hojas de ejercicios. En el segundo tipo de aula, las profesoras dejaban que los niños escogieran entre diversas actividades que les ayudaban a aprender mediante el juego y las experiencias concretas. Esas profesoras solían organizar diversos «centros de actividad» (como la oficina de correos de Jeff y Gabe que describía en el capítulo 2, o las pompas de jabón del principio de este capítulo), entre los cuales los niños podían elegir. Mientras éstos jugaban, sus profesoras se movían por el aula interviniendo en sus conversaciones y haciéndoles sugerencias para orientar su aprendizaje.

Descubrimos que las clases más formales solían apagar la motivación de los niños por aprender. En general, los niños de centros de preescolar muy estructurados confiaban menos en su capacidad académica, cuando se les permitía elegir escogían las actividades más fáciles y ante sus logros se sentían menos orgullosos que los niños de las aulas más lúdicas.[1] Los niños de los programas académicos más formales eran también menos independientes que los otros niños y decían que se preocupaban más por la escuela. (Otros investigadores han descubierto que los niños de programas de preescolar muy estructurados muestran más síntomas de ansiedad, por ejemplo los de morderse las uñas o rasgar papeles, que los niños de grupos más lúdicos.)[2] En cambio, los niños de 4 años de las aulas lúdicas tenían más confianza en sí mismos, mostraban mayor disposición a asumir riesgos y se sentían más orgullosos por su trabajo.

En otro estudio, observamos los dos diferentes tipos de aulas, medio día en cada una, y descubrimos que la disciplina planteaba más problemas en las de carácter académico formal.[3] Se repetían escenas como ésta:

> Se supone que Jake debe escribir filas con la letra *B* en un papel de rayas continuas y de puntos. Después de escribir la primera fila, se levanta para ir a jugar con el Lego de la estantería. «Jake, ahora estamos escribiendo la B», le recuerda con suavidad la profesora. Jake obedece y regresa a su pupitre. Pero después de escribir algunas letras más, vuelve al Lego. En cada viaje de regreso a la mesa, la voz de la profesora adquiere un tono más severo, hasta que manda a Jake a la silla de «tiempo muerto».

Jake no es un niño rebelde. Simplemente le aburre un trabajo que para él no tiene sentido. En efecto, en nuestros estudios descubrimos que los niños que siguen programas muy estructurados plantean muchos más problemas de disciplina que los de las aulas más lúdicas. Creemos que ocurre así porque los niños de las clases más formales no disfrutan de su trabajo o no le ven valor alguno. En cambio, los de las clases lúdicas abordan las actividades resueltos, porque son ellos quienes las escogen y porque les gusta utilizar objetos como cuentas o figuras de madera y materiales como la arcilla, la pintura y la cola. Además son alumnos entusiastas, porque aquéllas son actividades flexibles y,

1. Stipek, Feiler, Daniels y Milburn (1995).
2. Burts, Hart, Charlesworth, Fleege, Mosley y Thomasson (1992).
3. Stipek, Feiler, Byler, Ryan, Milburn y Salmon (1998).

por consiguiente, como decía en el capítulo 2, las «justas» para que progresen la comprensión y las destrezas de cada niño y para que todos se sientan orgullosos y seguros de sí mismos.

LOS NIÑOS HAN DE APRENDER LAS HABILIDADES BÁSICAS A TRAVÉS DEL JUEGO

Si quiere que su hijo desee aprender, búsquele una escuela infantil o un programa de atención de día cuyos profesores creen a través del juego todo un mundo de aprendizaje. Un buen profesor es el que organiza actividades que le interesen a su hijo y, al mismo tiempo, le enseñen las habilidades que necesita para triunfar en la escuela primaria.

Compruebe que los niños eligen entre diversos trabajos. La profesora irá orientando su aprendizaje mientras va de un niño a otro, les centra la atención («Fíjate en el color que ha salido al mezclar el rojo y el amarillo»), haciendo preguntas («¿Qué color crees que saldrá si mezclamos el rojo y el azul?») o sugerencias («¿Por qué no intentas pintar tu nombre en la parte inferior del dibujo?»). Debe ayudar a cada niño a dar el paso siguiente, el que necesita dar para desarrollar sus habilidades. Si ve a algún niño despistado, le cogerá de la mano y le preguntará: «¿Qué actividad te gustaría hacer?».

La tendencia social hacia este academicismo precoz no es nueva. En 1885, el influyente psicólogo estadounidense G. Stanley Hall advertía del «grave peligro» que representaban los últimos padres victorianos que, «tal vez no sin vanidad ni codicia, no sólo permiten, sino que a veces fomentan que los profesores presionen en exceso a sus hijos, y siembran así la semilla del sufrimiento y la incapacidad».[4]

Los buenos profesores de preescolar también planifican actividades pensando en unos objetivos de aprendizaje claros. Pueden llevar a los

4. Citado en Zuckerman (1987).

niños de excursión por el campo y decirles que clasifiquen las hojas que recojan por su color, su forma o incluso por el tipo de árbol. Pueden preparar unos bollos con los niños, señalando los diferentes tamaños de las tazas medidoras cuando los alumnos las utilicen, e incluso deslizar una pequeña lección preguntando: «¿Cuántas medias tazas de agua se necesitan para llenar una completa?».

Cuando lea una historia, la profesora debe hacer preguntas que ayuden a los niños a desarrollar las destrezas verbales y analíticas. Ha de ayudarles a comprender las emociones y las relaciones, haciendo que relacionen las historias con su propia vida. «¿Alguno de vosotros ha conocido a un bravucón? ¿Ha perdido algún animal doméstico? ¿Se ha cambiado de escuela?» Se levantan un montón de manos y la profesora modera la posterior conversación, ayudando a sus alumnos a hablar de sus experiencias y sentimientos y a escuchar a los demás.

Los buenos profesores atienden a los intereses de los niños cuando enseñan, como yo misma vi hacer a una profesora de preescolar durante una clase sobre medidas. En medio de un debate, una niña salió con que llevaba zapatos nuevos. La profesora inmediatamente convirtió el zapato de la alumna en un dispositivo para medir. Aprovechando el interés que los niños sentían por los zapatos nuevos de la niña, la profesora les mantuvo absortos mientras les exponía la idea de que cualquier objeto puede servir de instrumento de medición.

No se asuste si la clase de preescolar es un poco ruidosa, o si los niños se mueven mucho por el aula y parece que estén jugando todo el día. No es buena señal ver a jóvenes sentados en silencio a sus pupitres, trabajando con papel y lápiz. Los niños no deben chillar tanto como sus pulmones se lo permitan ni pelearse arrastrándose por el suelo. Deben prevalecer el orden y la disciplina. Pero actividades que parecen frívolas pueden estar enseñando conceptos importantes, porque el profesor capacitado sabe impartir una lección con cualquier actividad.

Por otro lado, la escuela no debe idealizar el juego. El hecho de que una actividad sea divertida no significa que sea educativa. Muchas veces he visto a alumnos de preescolar, por ejemplo, que pintan macarrones y los pegan en el papel. Las profesoras me explicaban que esa actividad enseña conceptos matemáticos. Y es posible que así fuera, si la organizaban para centrar la atención de los niños en los números, preguntando, por ejemplo: «¿Cuántos macarrones azules tienes?», «¿Cuántos de color rojo?» y «¿De qué color tienes más: azules o rojos?». Pero sin la orientación de la profesora, la actividad casi siempre se reduce a pintar y pegar; nada tiene que ver con las matemáticas.

Observe detenidamente qué hacen los niños. Si no es algo evidente, pregunte al profesor qué espera que aprendan con esa actividad. Debería poder explicarle claramente cuáles son los objetivos. Luego piense si dicha actividad les enseña esas cosas. Juzgue usted mismo si de verdad se produce algún aprendizaje. Algunas escuelas idealizan el juego, y la prohibición de la enseñanza formal puede ser tan estricta que los profesores son reacios incluso a integrar lecciones en las actividades lúdicas. Lo que usted quiere son profesores preocupados por que su hijo adquiera una habilidad académica, además del gusto por aprender.

¿SON MALAS TODAS LAS ACTIVIDADES DE PAPEL Y LÁPIZ?

La mayoría de los especialistas en educación infantil fruncen el ceño ante las tarjetas didácticas y las hojas de ejercicios. Eso se debe a que por lo general los alumnos de preescolar aprenden mejor, y de forma más completa y duradera, cuando manipulan directamente el material y cuando el aprendizaje se vincula a sus propios intereses y experiencia.

Pero como ocurre con cualquier regla, ésta se debe aplicar de manera flexible. Las tareas de papel y lápiz no son intrínsecamente malas para los niños, y algunos se divierten con ellas. Los buenos profesores, como los buenos padres, responden a las necesidades y a los intereses de cada alumno en particular. Es posible que una escuela de la mejor calidad disponga de tarjetas pedagógicas o de hojas de ejercicios para los niños a los que les gusten. Lo importante es no forzar a los niños pequeños a pasar horas en actividades con las que no disfrutan. Lo que les quita las ganas de aprender es una dieta permanente de ejercicios aburridos.

Tenga cuidado con los programas de preescolar que prometen enseñar a leer. Muchos padres saben —y los estudios lo han demostrado claramente— que los niños que hacia final de tercero no han aprendido a leer, luego suelen tener dificultades académicas graves. Pero normalmente en preescolar es demasiado pronto para una enseñanza formal de la lectura.

Las investigaciones demuestran que enseñar a leer directamente a una edad muy temprana ni acelera el desarrollo de las habilidades de lectura ni augura que después se vaya a leer mejor.[5] Enseñar a leer con dificultades a un niño a los 4 años no supone ventaja alguna, cuando va a aprender a hacerlo más deprisa y con mayor comodidad a los 6. Si a su hijo le obligan a leer antes de estar preparado para ello, es probable que piense que la lectura es algo que debe hacer para complacerle a usted o al profesor, y no algo que él desee hacer por gusto.

Hay excepciones, por supuesto. Algunos niños precoces están preparados para aprender a leer a los 4 años y tienen ganas de hacerlo. Debe usted saber si éste es el caso de su hijo. Hágale preguntas sobre las letras y las palabras y él mismo tratará de reproducirlas oralmente. El profesor de preescolar sensible ayudará a ese niño proporcionándole las habilidades básicas de lectura, o puede hacerlo usted cuando se lo pida y sea evidente que disfruta con ello.

Una buena escuela infantil, sin embargo, deberá esforzarse por preparar a los niños para que aprendan a leer. Los estudios han demostrado, por ejemplo, que la inmersión lingüística y en experiencias durante los cinco primeros años (como decía en los capítulos 2 y 3) fomenta las habilidades de lectura de forma sumamente eficaz.[6] El mayor vocabulario que los niños adquieren en las escuelas infantiles y en los centros de atención de día de calidad supone una preparación de especial importancia para la lectura, porque utilizar sonidos para descodificar letras resulta mucho más fácil cuando el niño conoce la palabra que está descodificando.

---

5. Whitehurst y Lonigan (1998); Scarborough y Dobrich (1994).
6. Whitehurst y Lonigan (1998); Scarborough y Dobrich (1994).

Efectivamente, un estudio de ámbito nacional reciente sobre los programas de atención de día demostraba que la riqueza del entorno lingüístico determina claramente el lenguaje y otras habilidades intelectuales de los niños. Con la financiación del National Institute of Child Health and Human Development (NICHD), los investigadores estudiaron a 1.364 niños repartidos por todo el país. Les visitaron en sus casas y en los centros de día, y analizaron la complejidad de las frases que componían cuando tenían 2 años y el vocabulario que utilizaban y entendían cuando tenían 3. En el estudio se descubrió que aquellos niños cuyos cuidadores mantenían conversaciones con ellos empleaban frases más complejas y comprendían mejor que los niños que asistían a centros de menor calidad y riqueza lingüística.

Así pues, preste mucha atención al uso que se haga del lenguaje en la escuela o en el centro de día. Observe cómo hablan las personas mayores a los niños. ¿Mantienen conversaciones con ellos o se limitan a dar órdenes? ¿Se leen y se cuentan muchos cuentos? ¿Los niños aprenden versos y canciones que tengan sentido para ellos? ¿Se les pide que compartan, expliquen y expongan sus ideas? Éstas son las señales de un entorno que preparará a su hijo para convertirse en un lector diestro y entusiasta.

Cuando visite la escuela, observe también si los profesores «enseñan» mientras leen cuentos y no se limitan a leerlos. Pueden señalar en las palabras aquellas letras que coincidan con la inicial del nombre de algún alumno. O pueden emplear «libros grandes» y decir a los niños que busquen todas las *M* de una página. Tal vez haya algún profesor que lee un libro sobre animales para luego jugar a pensar en nombres de animales que empiecen con el sonido de la *s*.

El aspecto fónico es un componente fundamental de la lectura, pero los buenos lectores también saben analizar lo que han leído, hacer comparaciones y comprobar su propia comprensión. El profesor eficiente estimula el razonamiento sobre una historia y hace a los niños preguntas del tipo: «¿Por qué crees que Arnold estaba tan triste?» o «¿Dónde crees que encontrará el guarda al león?». Es posible que haya profesores que señalen las ilustraciones del libro —«Mirad, aquí está la tarta de cumpleaños de Sally con la que su madre la sorprendió»— para enseñar a los niños a buscar pistas que les ayuden a comprender la historia.

Los centros de preescolar y de atención de día también deben estar llenos de libros que los niños puedan mirar solos según les plazca. Han de ser libros variados, incluidos libros ilustrados y algunos con una o dos palabras sencillas que el niño pueda empezar a leer cuando esté preparado para ello.

El conocimiento que tengan los niños del mundo contribuye también a sus habilidades de lectura. Busque un programa en que se hagan excursiones de estudio y se planifiquen actividades que proporcionen las ricas experiencias que le recomendaba en los capítulos 1 y 2. Una historia sobre un oso panda significa mucho más para el niño que haya visto el animal en el zoo; el niño que haya visto a la madre de su amigo cocinar en la escuela platos de diversos países, como *latkes*, rollitos de primavera o una tortilla, está en disposición de estudiar las culturas del mundo, la historia o un idioma extranjero. No elija una escuela donde se aparque a los niños ante el televisor o se les deje jugar continuamente con los mismos juguetes.

Y si puede, evite la escuela infantil cuyo profesor diga exactamente a los niños qué tienen que hacer y cómo hacerlo durante la mayor parte del día. Busque en su lugar una (o únase a otros padres para montarla) que ofrezca a su hijo la posibilidad de escoger y alimente su deseo natural de comprender el mundo mediante actividades lúdicas, iniciándole en el camino de un amor por el aprendizaje que le dure toda la vida.

¿Debo retrasar un año el ingreso de mi hijo en el jardín de infancia?

Muchos padres se enfrentan al dilema de llevar al jardín de infancia a su hijo relativamente pequeño aún o esperar un año a hacerlo. Los padres de niños que cumplen los años justo antes de la fecha de corte para ingresar en el jardín de infancia son los más propensos a retrasar este ingreso, porque piensan que este año de más de madurez social, intelectual y física ayudará a que las cosas le vayan bien a su hijo en la escuela. Esta costumbre se ha extendido tanto que se calcula que hasta un 10 % de los niños estadounidenses entran en el jardín de infancia con un año de retraso.

En algunos estudios se ha comprobado que los niños mayores de las clases del jardín de infancia van un poco mejor que los más jóvenes, pero se ha descubierto que esta pequeña ventaja normalmente desaparece en tercero. Además, en el estudio que realicé con niños desde el jardín de infancia hasta tercero, los profesores no decían en ningún curso que los alumnos más jóvenes fueran menos competentes social o académicamente que los mayores de sus clases.[7]

No puedo decirle si *su* hijo saldrá ganando si espera un año a ir al jardín de infancia, porque los estudios sólo nos dicen cómo afecta una determinada práctica al niño *medio*. Es posible que para algunos niños sea beneficioso esperar ese año. Pero los estudios son muy claros: se exagera mucho la importancia de retrasar el ingreso en el jardín de infancia. A muchos niños no les beneficia como sus padres esperan. Y para muchos, empezar la escolarización cuando reúnan los requisitos necesarios contribuirá más a su desarrollo intelectual y social que quedarse un año más en casa o en un centro de día.

Elegir la escuela de primaria

Alumnos de cuarto y quinto, en grupos de tres o cuatro, fijan la vista encorvados ante los ordenadores, distribuidos por la clase. Uno de cada grupo teclea preguntas sobre el cuerpo humano que otros alumnos formulan: «¿Cómo afecta el veneno al cuerpo?», «¿Qué función desempeña la hemoglobina?», «¿Cómo afecta el tabaco a los pulmones?».

El profesor va de un grupo a otro, ayudando a los niños a clarificar las preguntas y a estudiar a fondo alguna de ellas. Una vez que cada grupo ha escogido su pregunta, los niños consultarán los libros del aula y los que han obtenido en la biblioteca de la escuela. Buscarán información en la Red y mediante correo electrónico. El profesor les prestará su ayuda continuamente y les hará sugerencias. De vez en cuando, dará una clase

7. Stipek y Byler (en prensa).

formal sobre fisiología humana o sobre estrategias para buscar, evaluar y resumir información. Periódicamente, los grupos expondrán lo que vayan haciendo y recibirán retroalimentación y sugerencias de sus compañeros y del profesor. En el informe final, utilizarán diagramas, fotografías, simulaciones por ordenador y texto para exponer lo que hayan aprendido.

Esta imagen muestra a un profesor que utiliza diversas estrategias para estimular la participación entusiasta de los niños, y a la vez les enseña las habilidades académicas, de planificación y sociales básicas.

En primer lugar, aunque el profesor imparte cierta enseñanza tradicional —por ejemplo, cuando suministra información científica de fondo— los alumnos también hacen preguntas por cuya respuesta sienten un interés especial. De este modo el profesor fomenta su curiosidad y sus intereses personales.

En segundo lugar, los niños tienen una autonomía considerable. Además de escoger (con la orientación del profesor) su pregunta, tienen cierta libertad para organizar y elaborar su informe. En consecuencia, se sentirán autores y dueños tanto del producto como de lo que hayan aprendido.

En tercer lugar, en vez de escuchar pasivamente al profesor o de leer el libro de texto, los alumnos crean un trabajo de múltiples dimensiones. Lo que produzcan les dará una satisfacción y una sensación de competencia mayores que las que les pudiera proporcionar una tarea más tradicional, como la de responder una hoja de preguntas factuales y de respuesta corta.

En cuarto lugar, en vez de repetir el mismo trabajo, por ejemplo el de leer los diversos capítulos del libro de texto, los niños emprenden toda una diversidad de actividades complejas.

En quinto lugar, el trabajo es flexible y permite que cada alumno pueda contribuir asumiendo el «justo» desafío. Por ejemplo, cada uno puede examinar la fuente de información que se ajuste a su nivel de lectura. Y el trabajo se puede descomponer en diversos apartados, para que cada miembro del grupo se encargue de la tarea que es capaz de completar, pero también le exige desarrollar sus habilidades y su comprensión.

En sexto lugar, los niños trabajan en colaboración, con lo cual disfrutan más y mejoran su comunicación y otras habilidades sociales.

Por último, el profesor y los demás alumnos proporcionan a cada grupo una retroalimentación periódica, que ayuda a que los alumnos mejoren sus trabajos. La evaluación frecuente les centra la atención en el objetivo de aprendizaje en cuestión («Esto es lo que debo hacer para realizar un buen trabajo») y no en el rendimiento («Tengo que hacer esto para sacar un sobresaliente»).

Éste es el tipo de actividad de enseñanza y aprendizaje de primaria que fomentará el gusto por el aprendizaje de su hijo y proporcionará las habilidades y los conocimientos que necesita para que los estudios le vayan bien.

PREGUNTAS PARA CUANDO VISITE UNA ESCUELA

Pero ¿cómo sabrá si las escuelas en que está pensando ofrecen un programa de este tipo? Aquí tiene algunas preguntas para sus administradores o profesores que le ayudarán a hacerse esa idea.

1. *¿Cómo se evalúa a los niños?*

Los notas por sí solas no bastan. Los profesores deben ofrecer a los niños una retroalimentación frecuente y útil con el objetivo de orientarles en sus esfuerzos. Por ejemplo, cuando se les dice que redacten, deben recibir del profesor algo más que una nota o una puntuación. También necesitan comentarios sobre lo bueno y lo malo de la redacción y sobre aquello en que deberían insistir. La retroalimentación ha de servir para que el alumno se concentre en mejorar o en alcanzar una serie de habilidades bien especificadas, más que para compararle con los demás alumnos.

Incluso aquellos niños que van mejor que la mayoría de sus compañeros deben recibir críticas constructivas. *Todos* los alumnos necesitan información tanto sobre las competencias que han alcanzado como sobre la manera de mejorar sus habilidades.

233

2. *¿Cuándo y cómo informan a los padres sobre el progreso del alumno?*

Para que su hijo sea competente y confíe en su capacidad para salir airoso de sus estudios, usted debe saber cuándo necesita una ayuda o un estímulo extra. La escuela debe informarle concretamente sobre las virtudes y los defectos académicos de su hijo, basándose en unos criterios claros. Las notas numéricas no le darán este tipo de información.

El profesor debería decirle cómo le van las cosas a su hijo al cabo de pocos meses de haber empezado en la escuela, y ponerle al día de nuevo con la antelación suficiente antes de que termine el curso. De este modo podrá ayudar a su hijo tan pronto como surjan problemas y antes de que concluya el curso.

3. *¿Cómo individualizan ustedes el trabajo para asegurar que tenga la dificultad adecuada para cada alumno?*

Muchas escuelas de primaria agrupan a los niños por su nivel de capacidad, en un esfuerzo por ajustar la enseñanza al grado de habilidad de los niños. Este tipo de agrupamiento es eficaz y no mermará la motivación de los niños si es flexible, es decir, si se evalúa frecuentemente a los niños y se les cambia de grupo cuando convenga. Los profesores deben atender también a los distintos grados de habilidades de los niños de un mismo grupo.

Los grupos de aprendizaje cooperativo, en los que cada alumno hace una parte del trabajo que está pensada para su nivel de habilidad, pueden ser otra forma de asegurar que los niños se enfrenten a los desafíos adecuados. (Para una explicación sobre el aprendizaje cooperativo, véase el capítulo 8.)

Un buen profesor pondrá también un mismo trabajo para todos los alumnos (para evitar que algunos niños se sientan marcados), pero cada uno lo podrá completar de acuerdo con su nivel de capacidad y habilidad. Por ejemplo, toda una clase puede tener el mismo trabajo de redacción, pero un niño hará un trabajo más largo y complejo que otro. Hasta los problemas de matemáticas se pueden resolver en distintos ni-

Visité en cierta ocasión un centro de secundaria en el que pensaba para mi hija y cuya directora en su exposición repetía una y otra vez la palabra «excelencia». Esto me llevó a preguntarme si los niños tenían oportunidad alguna vez de «hacer el tonto», de limitarse a disfrutar mientras desarrollaban una nueva habilidad sin tener que preocuparse por esa excelencia. También se habló mucho sobre la preparación para la universidad y para ser admitido en ella. Pero no se decía nada sobre el currículo de séptimo. Me preocupa tanto como a cualquier padre que Meredith vaya a una buena universidad. Pero entonces sólo tenía 11 años y yo no quería que la admisión en la universidad fuera el objetivo de su educación secundaria. Me fui antes de que se iniciara la visita a las aulas, y me ahorré el dinero de las tasas por una solicitud más.

veles. Por ejemplo, un niño puede multiplicar 4×3 utilizando la suma, sumando cuatro veces tres. Otro niño podría dibujar grupos de tres puntos y luego contar todos los puntos, o utilizar unos botones que el profesor le daría para hacer lo mismo. Y otro podría contar «puntos» de memoria, mientras su amigo utiliza la tabla de multiplicar, $4 \times 3 = 12$. Estos niños utilizan diversos niveles de comprensión matemática para resolver el mismo problema.

4. *¿Cómo miden los profesores las habilidades de los niños para decidir qué deben aprender en una fase siguiente?*

Las notas de pruebas estandarizadas no son de mucha utilidad para juzgar las necesidades educativas individuales de los niños. Para dar a éstos un trabajo que les suponga el adecuado desafío, los profesores deben evaluar con frecuencia habilidades muy concretas, comprobar el trabajo escrito de los alumnos y observarles detenidamente en clase. Los buenos profesores deben saber explicar sus diversas formas de evaluar las habilidades y la comprensión de los alumnos.

5. *¿Cómo fomenta la escuela la curiosidad y la creatividad de los niños?*

Observe si se realizan trabajos con los que los niños puedan hacer sus propias preguntas y desarrollar su propio razonamiento. Los trabajos escritos no se deben limitar a copiar frases, añadir signos de puntuación o responder a unas preguntas factuales. Los niños deben aprender también a generar sus propias oraciones y párrafos, y han de tener oportunidad de escribir sobre temas que les interesen. Los profesores pueden decir también a los alumnos que formulen sus problemas de matemáticas o que busquen diferentes estrategias para resolverlos. Pueden estimularles para que relacionen los contenidos de sociales con su propia vida o para que formulen sus propias preguntas de ciencias, como hacían los niños que estudiaban la fisiología humana al principio de este apartado.

6. *¿Los niños tienen oportunidad de colaborar con sus compañeros?*

En algunas escuelas se considera que recibir ayuda de los compañeros equivale a copiar. Pero en las aulas en que se fomenta el gusto por aprender, los profesores se percatan de que los niños disfrutan de trabajar juntos y, cuando uno ayuda a otro, ambos se benefician (véase el cap. 8).

7. *¿Existen ejemplos de tareas escolares que exijan que los alumnos aprendan de forma práctica o activa?*

A los niños pocas veces les apasiona escuchar una explicación prolongada del profesor, leer del libro de texto o realizar las hojas de ejercicios. Es más probable que se concentren mejor en su trabajo cuando se trate de un aprendizaje activo. Por ejemplo, leer cartas auténticas escritas durante la guerra de Secesión norteamericana para luego escribir a un hermano imaginario que luchara en el bando opuesto es más interesante que leer en un libro de texto sobre las familias que quedaban separadas por la guerra. Construir un volcán experimental estimulará al niño más que leer sobre él. Aprender a realizar e interpretar gráficos de barras reviste mayor interés si el niño hace gráficos referidos a las preferencias de sus compañeros sobre sabores de helado que cuando no son más que parte de toda una serie de problemas. Los profesores deben ser capaces de poner muchos ejemplos de actividades de este tipo.

8. ¿Qué grado de elección tienen los alumnos en sus tareas escolares?

Los niños deben poder elegir en cierto grado tanto respecto al trabajo que tengan que hacer como a la forma de hacerlo. Por ejemplo, deben tener oportunidad de escoger entre diversos libros para el trabajo de lectura. De vez en cuando se les debe permitir que escojan el tema de las redacciones. Un buen profesor puede incluso estimularles para que seleccionen las palabras que han de integrar en su vocabulario de entre aquellas que no comprendan del libro que estén leyendo, o decidir entre varios programas informáticos para adquirir mayor competencia en matemáticas. Y en los trabajos de plástica también se les debe dejar que sean originales e imaginativos.

MANTENGA LOS OJOS ABIERTOS

Podrá aprender muchas cosas si observa las clases. Si los pupitres están en fila, todos cara al profesor, quizá se encuentre usted en una clase cuyo profesor dirige y controla todos los movimientos de los alumnos. Si los pupitres están en grupos o las sillas alrededor de las mesas, normalmente significa que los niños trabajan en cooperación.

Una alfombra, cojines y animales de peluche indican que el profesor procura hacer que el aprendizaje resulte cómodo y agradable. Piense una cosa: ¿le gustaría leer un libro sentado en una silla dura y pegado a un pupitre?

La exposición de los trabajos de los alumnos puede dar mucha información. ¿Son todos los trabajos iguales? Esto significaría que el profesor no fomenta la individualidad ni la creatividad. ¿La única prueba de la retroalimentación del profesor son las notas, o tiene un carácter más útil? ¿Hay pruebas de que se trabaja en colaboración? ¿El profesor ha expuesto trabajos que demuestran el progreso individual, o únicamente aquellos que tienen sobresaliente? (Como decía en el capítulo 8, eso indicaría que el profesor se centra en el rendimiento más que en el aprendizaje.)

¿Existen materiales prácticos de plástica y ciencias, elementos de matemáticas que se puedan manipular (como palillos y cuentas), ordenadores, libros de consulta y mapas? Este tipo de recursos permiten que los niños puedan explorar y crear. ¿Hay una diversidad de libros que los niños puedan leer, o únicamente los libros de texto?

Fíjese si los niños pueden acceder fácilmente al material y el equipamiento, que deban devolver bajo su responsabilidad. Si lo que necesitan para realizar sus trabajos está cerrado bajo llave o fuera de su alcance, los alumnos no puede trabajar de forma autónoma. Dependen del profesor, que, consiguientemente, dedica más tiempo a distribuir y controlar el material que a enseñar.

Si visita la escuela mientras esté funcionando, observe qué hacen los alumnos. ¿Están inmersos de forma activa en su trabajo o se limitan a cumplir pasivamente las formalidades? ¿Se oye un murmullo y alguna expresión esporádica de entusiasmo? Esto es buena señal; las clases en que se puede oír volar a una mosca normalmente no apasionan a los niños. Lo importante es que las conversaciones y demás ruidos estén relacionados con el trabajo que se esté realizando, y no con tonterías o charlas que nada tengan que ver con éste.

Fíjese bien en lo que estén aprendiendo. En algunas escuelas de primaria se considera que el entusiasmo del alumno es la mejor señal de estar ante una buena clase. El entusiasmo es importante, pero no se debe producir a expensas del aprendizaje. Igual que le recomendaba para las escuelas infantiles, céntrese en el aprendizaje cuando visite una escuela de primaria. Si el objetivo de la tarea en cuestión no es evidente, el profesor debería saber explicárselo.

Observe también qué hace el profesor. ¿Explica sin que le interrumpan o hace que los niños participen en la conversación? ¿Hace preguntas que sondean la comprensión de los alumnos, para así poder ajustar la clase si es necesario, o que les inciten a reflexionar sobre cosas nuevas? Si parece que los profesores guardan las distancias o si sólo hablan de disciplina y orden, ésa no es la escuela para su hijo.

Una vez observé en una clase de tercero cuyos alumnos cortaban unas figuras de cartón para realizar con ellas unas construcciones, una actividad que, según el profesor, les ayudaba a desarrollar conceptos de geometría básicos. Los niños disponían de cola, pinturas y cajas para decorar. A primera vista, el trabajo parecía que atraía la atención de los niños y era potencialmente educativo. Pero aquellos niños ya sabían cortar y pegar, y la actividad se repitió durante días. Quizás al aspecto matemático que implicaba sólo se le dedicaba el 5 % del tiempo de los alumnos.

Éstas son mis sugerencias. Pero todas las recomendaciones de este libro se aplican tanto a escuelas y profesores como a padres. Por lo tanto, cuando visite las escuelas deberá usted fijarse en muchas más cosas de las que yo he podido mencionar en este apéndice.

Los sentimientos de competencia y autonomía, y unas relaciones sólidas y positivas entre el personal de la escuela y su hijo, tienen la misma importancia que las que existan entre usted y su hijo en casa. Si puede, encuentre una escuela que fomente esos sentimientos, para que la escuela de su hijo sea su socio y no su adversario en el fomento del gusto por el aprendizaje de su hijo.

Bibliografía

Alschuler, A., «How to increase motivation through climate and structure», documento de trabajo n° 8, Cambridge, MA., Harvard University, Graduate School of Education, Achievement Motivation Development Project, 1968.

Amabile, T., «Children's artistic creativity: Detrimental effects of competition in a field setting», *Personality and Social Psychology Bulletin*, vol. 8, n° 3, 1982, págs. 573-578.

Amabile, T. y B. A. Hennessey, «The motivation for creativity in children», en A. Boggiano y T. Pittman (comps.), *Achievement and motivation: A social developmental perspective*, Nueva York, Cambridge University Press, 1992, págs. 54-74.

Amabile, T., B. Hennesey y B. Grossman, «Social influences on creativity: The effects of contracted-for reward», *Journal of Personality and Social Psychology*, n° 50, 1986, págs. 14-23.

—, «Motivation and effective teaching», en L. Idol y B. Jones (comps.), *Educational values and cognitive instruction: Implications for reform*, Hillsdale, NJ., Lawrence Erlbaum Associates, 1990, págs. 247-271.

Ames, C. y J. Archer, «Mothers' beliefs about the role of ability and effort in school learning», *Journal of Educational Psychology*, n° 79, 1987, págs. 409-414.

—, «Achievement goals in the classroom: Students' learning strategies and motivation processes», *Journal of Educational Psychology*, n° 80, 1988, págs. 260-267.

Authors Guild, «The pleasures and perils of the freelance life», *Authors Guild Bulletin*, verano de 1999.

Bandura, A., «Human agency in social cognitive theory», *American Psychologist*, n° 44, 1989, págs. 1.175-1.184.

Bandura, A. y D. Schunk, «Cultivating competence, self-efficacy, and intrinsic interests through proximal self-motivation», *Journal of Personality and Social Psychology*, n° 41, 1981, págs. 586-598.

Barker, G. y S. Graham, «Developmental study of praise and blame as attributional cues», *Journal of Educational Psychology*, n° 79, 1987, págs. 62-66.

Binet, A., *Modern ideas about children*, Menlo Park, CA., Suzanne Heisler, 1975.

Boggiano, A., C. Flink, A. Shields, A. Seelbach y M. Barrett, «Use of techniques promoting students' self-determination: Effects on students' analytic problem-solving skills», *Motivation and Emotion*, n° 17, 1993, págs. 319-336.

Borowski, J., «Schools with a slant», *New York Times*, 21 de agosto de 1999.

Bowlby, J., «Self-reliance and some conditions that promote it», en R. Gosling (comp.), *Support, Innovation and Autonomy*, Londres, Tavistock, 1973.

Brophy, J., «Fostering student learning and motivation in the elementary school classroom», en S. Paris, G. Olson y H. Stevenson (comps.), *Learning and motivation in the classroom*, Hillsdale, NJ., Lawrence Erlbaum Associates, 1983, págs. 283-305.

Brophy, J., M. Rohrkemper, H. Rashid y M. Goldberger, «Relationships between teachers' presentations of classroom tasks and students' engagements in those tasks», *Journal of Educational Psychology*, n° 75, 1983, págs. 544-552.

Bruner, J., «On teaching thinking: An afterthought», en S. Chipman, J. Segal y R. Glaser (comps.), *Thinking and learning skills*, vol. 2, *Research and open questions*, Hillsdale, NJ., Lawrence Erlbaum Associates, 1985.

Burts, D., C. Hart, R. Charlesworth, P. Fleege, J. Mosley y R. Thomasson, «Observed activities and streess behaviors of children in developmentally appropriate and inappropriate kindergarten classrooms», *Early Childhood Research Quarterly*, n° 7, 1992, págs. 297-318.

Butler, R., «Enhancing and undermining intrinsic motivation: The effects of task-involving and ego-involving evaluation on interest and performance», *British Journal of Educational Psychology*, n° 58, 1988, págs. 1-14.

Byler, P., «Middle school girls' attitude toward math and science: Does setting make a difference?», tesis doctoral, University of California, Los Ángeles, 2000.

Calkins, L., *Raising lifelong learners: A parent's guide*, Reading, MA., Addison-Wesley, 1997.

Casady, M., «The tricky business of giving rewards», *Psychology Today*, n° 8, 1975, pág. 52.

Chin, D., «Losing faith: School and the role of academics in the lives of immigrant students», manuscrito no publicado, 1999.

242

Cohen, H., «Behavior modification in socially deviant youth», en C. Thoresen (comp.), *Behavior Modification in Education: Seventy-Second Yearbook of the National Society for the Study of Education*, Chicago, Il., University of Chicago Press, 1973, 1ª parte, págs. 291-314.

Cohen, P., «A woman's worth: 1857 letter echoes still», *New York Times*, 18 de julio de 1998.

Covington, M., *Making the grade: A self-worth perspective on motivation and school reform*, Nueva York, Cambridge University Press, 1992.

—, «Caring about learning. The nature and nurturing of subject matter appreciation», *Educational Psychologist*, nº 34, 1999, págs. 127-136.

Csikszentmihalyi, M., *The evolving self: A psychology for the third millenium*, Nueva York, HarperPerennial, 1993.

Curry, J., «Stepfather says Irabu is the son of an American», *New York Times*, 15 de julio de 1997.

Danner, F. y E. Lonky, «A cognitive-developmental approach to the effects of rewards on intrinsic motivation», *Child Development*, nº 52, 1981, págs. 1.043-1.052.

DeCharms, R., «From pawns to origins: Toward self-motivation», en G. Lesser (comp.), *Psychology and educational practice*, Glenview, Il., Scott, Foresman and Co., 1968, págs. 380-407.

Deci, E., J. Nezlek y L. Sheinman, «Characteristics of the rewarder and intrinsic motivation of the rewardee», *Journal of Personality and Social Psychology*, nº 40, 1981, págs. 1-10.

Deci, E. y R. Ryan, «The support of autonomy and the control of behavior», *Journal of Personality and Social Psychology*, nº 53, 1987, págs. 1.024-1.037.

Du Pre, H. y P. Du Pre, *Hilary and Jackie*, Nueva York, Ballantine Books, 1997.

Dweck, C., «The role of expectations and attributions in the alleviation of learned helplessness», *Journal of Personality and Social Psychology*, nº 31, 1975, págs. 674-685.

—, *Self-theories: Their role in motivation, personality, and development*, Filadelfia, Psychology Press, 1999.

Dye, L., «Researchers building robotic prototype, Lego block by Lego block», *Los Angeles Times*, 6 de septiembre de 1999.

Elkind, D., «The transformation of play in play, policy, and practice connections», *Newsletter of the Play & Practice Caucus of the National Association for the Education of Young Children*, vol. 4, nº 3, 1999, pág. 2.

Erikson, E., *Childhood and society*, Nueva York, W. W. Norton, 1963 (trad. cast.: *Infancia y sociedad*, Barcelona, Paidós, 1983).

Eron, L., «Seeing is believing», en A. Bohart y D. Stipek (comps.), *Constructive and destructive behavior: Implications for family, school, and society*, Washington, D. C., American Psychological Association, en prensa.

Fabes, R., J. Moran y J. McCullers, «The hidden costs of rewards and WAIS subscale performance», *American Journal of Psychology*, n° 94, 1981, págs. 387-398.

Feynman, R., *«Surely you're joking, Mr. Feynman!»*, Nueva York, W. W. Norton, 1985 (trad. cast.: *¿Está Ud. de broma, Sr. Feynman?*, Madrid, Alianza, 2000).

Friedman, T., *From Beirut to Jerusalem*, Nueva York, Farrar, Straus and Giroux, 1989.

Frodi, A., L. Bridges y W. Grolnick, «Correlates of mastery-related behavior: A short-term longitudinal study of infants in their second year», *Child Development*, n° 56, 1985, págs. 1.291-1.298.

Goodwin, D. K., «Life outside academe», *Key Reporter*, verano de 1998.

Gottfried, A., «Academic intrinsic motivation in elementary and junior high school students», *Journal of Educational Psychology*, n° 77, 1985, págs. 631-645.

Gould, S., *The mismeasure of man*, Nueva York, W. W. Norton, 1981 (trad. cast.: *La falsa medida del hombre*, Barcelona, Crítica, 1997).

Graham, S. y S. Golan, «Motivational influences on cognition: Task involvement, ego involvement, and depth of information processing», *Journal of Educational Psychology*, n° 83, 1991, págs. 187-194.

Greenfield, P., L. Camaioni, P. Ercolani, P. Weiss, B. Lauber y P. Perruchini, «Cognitive socialization by computer games in two cultures: Inductive discovery or mastery of an iconic code?», *Journal of Applied Developmental Psychology*, n° 15, 1994, págs. 59-85.

Grolnick, W., E. Deci y R. Ryan, «Internalization within the family: The self-determination theory perspective», en J. Grusec y L. Kuczyhski (comps.), *Parenting and children's internalization of values: A handbook of contemporary theory*, Nueva York, John Wiley, 1997, págs. 135-161.

Grolnick, W., A. Frodi y L. Bridges, «Maternal control style and the mastery motivation of one-year-olds», *Infant Mental Health Journal*, n° 5, 1984, págs. 72-82.

Grolnick, W. y R. Ryan, «Autonomy in children's learning: An experimental and individual difference investigation», *Journal of Personality and Social Psychology*, n° 52, 1987, págs. 890-898.

—, «Parent styles associated with children's self-regulation and competence in school», *Journal of Educational Psychology*, n° 81, 1989, págs. 143-154.

Grolnick, W., R. Ryan y E. Deci, «Inner resources for school achievement: Motivational mediators of children's perceptions of their parents», *Journal of Educational Psychology*, n° 83, 1991, págs. 508-517.

Harter, S., «Pleasure derived by children from cognitive challenge and mastery», *Child Development*, n° 45, 1974, págs. 661-669.

—, «Pleasure derived from challenge and the effects of receiving grades on children's difficulty level choices», *Child Development*, n° 49, 1978, págs. 788-799.

—, «A model of mastery motivation in children: Individual differences and developmental change», en W. Collins (comp.), *Minnesota Symposium on Child Psychology*, Hillsdale, NJ., Lawrence Erlbaum Associates, n° 14, 1981, págs. 215-255.

Harter, S., N. Whitesell y P. Kowalski, «Individual differences in the effects of educational transitions on young adolescents' perceptions of competence and motivational orientation», *American Educational Research Journal*, n° 29, 1992, págs. 777-807.

Henderson, V. y C. Dweck, «Achievement and motivation in adolescence: A new model and data», en S. Feldman y G. Elliot (comps.), *At the threshold: The developing adolescent*, Cambridge, MA., Harvard University Press, 1990.

Hess, R. y S. Holloway, «Family and school as educational institutions», *Review of Child Development Research*, n° 7, 1984, págs. 179-222.

Hoff-Ginsberg, E., «Mother-child conversation in different social classes and communications settings», *Child Development*, n° 62, 1991, págs. 782-796.

Hoffman, J., «Public lives; not exactly starting over: Writer's choices», *New York Times*, 9 de junio de 1999.

Hollingworth, L., *Gifted children: Their nature and nurture*, Nueva York, Macmillan, 1926.

Johnson, D. y R. Johnson, *Cooperation and competition: Theory and research*, Edina, MT., Interaction Book Company, 1989a.

—, «Toward a cooperative effort», *Educational Leadership*, n° 46, 1989b, págs. 80-81.

Kage, M., «The effects of evaluation on intrinsic motivation», documento presentado en el encuentro de la Japanese Association of Educational Psychology, Joetsu, Japón, 1991.

Katz, L., *Distinctions between self-esteem and narcissism: Implications for practice*, Urbana, Il., ERIC Clearinghouse on Elementary and Early Childhood Education, 1993.

Kaufman, J., «Not exactly starting over: Writer's choices», *New York Times*, 6 de octubre de 1999.

Langness, D., «From backyard rockets and hot rods to the Nobel Prize: The scientific journeys of Louis Ignarro», *UCLA Medicine Magazine*, verano de 1999.

Lepper, M., D. Greene y R. Nesbitt, «Undermining children's intrinsic interest with intrinsic rewards: A test of the overjustification hypothesis», *Journal of Personality and Social Psychology*, n° 28, 1973, págs. 129-137.

Lewin, K., R. Lippitt y R. White, «Pattern of aggressive behavior in experimentally created "social climates"», *Journal of Experimental Psychology*, n° 10, 1939, págs. 271-299.

Licht, B. y C. Dweck, «Determinants of academic achievement: The interaction of children's achievement orientations with skill area», *Developmental Psychology*, n° 20, 1984, págs. 628-636.

Lieberman, A., *The emotional life of the toddler*, Nueva York, Free Press, 1993.

Lütkenhaus, P., «Pleasure derived from mastery in three year-olds: Its function for persistence and the influence of maternal behavior», *International Journal of Behavioral Development*, n° 7, 1984, págs. 343-358.

Lyman, R., «A culture of both luck and pluck», *New York Times*, 18 de diciembre de 1999.

Maccoby, E., «The two sexes: Growing up apart, coming together», Cambridge, Ma., Harvard University Press, Belknap Press, 1998.

Maccoby, E. y C. Jackling, *The psychology of sex differences*, Stanford, Ca., Stanford University Press, 1974.

Maier, T., *Dr. Spock: An American life*, Nueva York, Harcourt Brace, 1998.

Maslow, A., *Motivation and personality*, Nueva York, HarperCollins, 1987 (trad. cast.: *Motivación y personalidad*, Madrid, Díaz de Santos, 1991).

McCracken, J., *Play is FUNdamental*, Washington, National Association for the Education of Young Children, 2000.

Meece, J., P. Blumenfeld y R. Hoyle, «Students' goal orientations and cognitive engagement in classroom activities», *Journal of Educational Psychology*, n° 80, 1988, págs. 514-523.

Novak, T., D. Hoffman e Y. Yung, «Measuring the flow construct in online environments: A structural modeling approach», *Marketing Science*, invierno de 2000, págs. 22-42.

246

Ohanian, S., *Garbage pizza, patchwork quilts, and math magic: Stories about teachers who love to teach and children who love to learn*, Nueva York, W. H. Freeman, 1994.

Parsons, J., C. Kaczala y J. Meece, «Socialization of achievement attitudes and beliefs: Classroom influences», *Child Development*, n° 53, págs. 322-339.

Peterson, P. y S. Swing, «Beyond time on task: Students' reports of their thought processes during classroom instruction», *Elementary School Journal*, n° 21, 1982, págs. 487-515.

Petroski, H., «Designed to fail», *American Scientist*, n° 85, 1997, pág. 416.

—, «Work and play», *American Scientist*, n° 87, 1999, págs. 208-212.

Philips, D., «The illusion of incompetence among academically competent children», *Child Development*, n° 55, 1984, págs. 2.000-2.016.

Philips, D. y M. Zimmerman, «The developmental course of perceived competence and incompetence among competent children», en J. Kelligian y R. Sternberg (comps.), *Competence considered*, New Haven, Ct., Yale University Press, 1990, págs. 41-66.

Piaget, J., *The child and reality: Problems of genetic psychology*, Nueva York, Penguin Books, 1976 (trad. cast.: *Estudios de psicología genética*, Buenos Aires, Emecé, 1996).

Platón, *The Republic*, libro 7, Nueva York, Colonial Press, 1901 (trad. cast.: *Libro VII de la República*, Valencia, Tilde, 1996).

Ryan, A., M. Gheen y C. Midgley, «Why do some students avoid asking for help? An examination of the interplay among students' academic efficacy, teachers' social-emotional role, and the classroom goal structure», *Journal of Educational Psychology*, n° 90, 1998, págs. 528-535.

Ryan, R., J. Connell y R. Plant, «Emotions in nondirected text learning», *Learning and Individual Differences*, n° 2, 1990, págs. 1-17.

Ryan, R., V. Mims y R. Koestner, «Relation of reward contingency and interpersonal context to intrinsic motivation: A review and test using cognitive evaluation theory», *Journal of Personality and Social Psychology*, n° 45, 1983, págs. 736-750.

Ryan, R. y J. Solky, «What is supportive about social support?: On the psychological needs for autonomy and relatedness», en G. Pierce, B. Sarason e I. Sarason (comps.), *Handbook of social support and the family*, Nueva York, Plenum Press, 1996, págs. 249-267.

Ryan, R. y J. Stiller, «The social contexts of internalization: Parent-teacher influences on autonomy, motivation and learning», *Advances in Motivation and Achievement*, n° 7, 1991, págs. 138-139.

247

Ryan, R., J. Stiller y J. Lynch, «Representations of relationships to teachers, parents, and friends as predictors of academic motivation and self-esteem», *Journal of Early Adolescence*, n° 14, 1994, págs. 226-249.

Sacks, O., «Op-ed», *New York Times*, 13 de mayo de 1999.

Scarborough, H. y W. Dobrich, «On the efficacy of reading to preschoolers», *Developmental Review*, n° 14, 1994, págs. 245-301.

Schlender, B., «$100 billion friendship», *Fortune*, 25 de octubre de 2000.

Schunk, D., «Goal and self-evaluative influences during children's cognitive skill learning», *American Educational Research Journal*, n° 33, 1996, págs. 359-382.

Seligman, M., *The Optimistic Child*, Boston, Ma., Houghton Mifflin, 1995 (trad. cast.: *Niños optimistas*, Barcelona, Grijalbo-Mondadori, 1999).

Seligman, M. y S. Maier, «Failure to escape traumatic shock», *Journal of Experimental Psychology*, n° 74, 1967, págs. 1-9.

Steele, C. y J. Aronson, «Stereotype threat and the intellectual test performance of African Americans», *Journal of Personality and Social Psychology*, n° 69, 1995, págs. 797-811.

Stenmark, J., V. Thompson y R. Cossey, *Family math*, Berkeley, University of California Press, 1986.

Stevenson, H. y J. Stigler, *The learning gap*, Nueva York, Summit Books/Simon and Schuster, 1992.

Stewart, D. L., «Kids need to learn that life isn't fair», *Dayton (Ohio) Daily News*, 7 de junio de 1999.

Stipek, D. y P. Byler, «Academic achievement and social behaviors associated with age of entry into kindergarten», *Early Childhood Research Quarterly*, en prensa.

Stipek, D., R. Feiler, P. Byler, R. Ryan, S. Milburn y J. Salmon, «Good beginnings: What difference does the program make in preparing young children for school?», *Journal of Applied Developmental Psychology*, n° 19, 1998, págs. 41-66.

Stipek, D., R. Feiler, D. Daniels y S. Milburn, «Effects of different instructional approaches on young children's achievement and motivation», *Child Development*, n° 66, 1995, págs. 209-223.

Sweet, A., J. Guthrie y M. Ng, «Teacher perceptions and student reading motivation», *Journal of Educational Psychology*, n° 90, 1998, págs. 210-223.

Terman, L., *The measurement of intelligence*, Boston, Houghton Mifflin, 1916 (trad. cast.: *Medida de la inteligencia*, Madrid, Espasa-Calpe, 1986).

Utman, C., «Performance effects of motivational state: A meta-analysis», *Personality and Social Psychology Review*, n° 1, 1997, págs. 170-182.

Watson, J., «Smiling, cooing, and "the game"», *Merrill-Palmer Quarterly*, n° 18, 1972, págs. 323-340.

Weinberger, J., «A longitudinal study of children's early literacy experiences at home and later literacy development at home and school», *Journal of Research in Reading*, n° 19, 1996, págs. 14-24.

Weinhaus, E. y K. Friedman, «Coping with kids», *Working Mother*, abril de 1993.

Whitehurst, G. y C. Lonigan, «Child development and emergent literacy», *Child Development*, n° 69, 1998, págs. 848-872.

Woo, E., «Education, not genetics, a key IQ factor, study says», *Los Angeles Times*, 12 de noviembre de 1997.

Zuckerman, M., «Plus ça change: The high-tech child in historical perspective», *Early Childhood Research Quarterly*, n° 2, 1987, págs. 255-264.

Zuckerman, M., J. Porac, D. Lathin, R. Smith y E. Deci, «On the importance of self-determination for intrinsically motivated behavior», *Personality and Social Psychology Bulletin*, n° 4, 1978, págs. 443-466.